まちの地理学

― まちの見方・考え方 ―

牛垣 雄矢

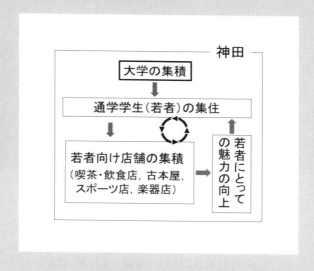

古今書院

Geography on Towns

: The View and Way of Thinking

Yuya USHIGAKI

Kokon Shoin Ltd., Tokyo, 2022

まえがき

本書『まちの地理学―まちの見方・考え方―』は，書名の通り，地理学の立場から，さまざまな店舗が集積する「まち」の見方・考え方をまとめたものである．特に都市地理学を中心に，そのほかの地理学や，商業学など隣接科学の理論や概念も扱いながら，まちの特徴や構造を読み解く内容になっている．

本書は，まちに対して著者が行ってきた研究の成果が散りばめられてはいるが，基本的には大学で行っている講義内容をまとめたものでもある．そのため主な読者として，第1には，これから地理学を学ぶ大学生を想定している．地理学では，収集したデータを図表で示すことが多く，調査結果を提示し，地理的現象を読み解く上で，地図や表は重要である．しかし，地理学の勉強や研究を始めたばかりの頃は，どのような資料が存在し，どのような研究ができるのか，わからないことも多い．本書でも多くの図表を掲載したが，図表を作成する際に使われた資料名を，可能な限りで明記するようにしたので，資料収集の参考にしてほしい．

読者として次に想定したのは，まち歩き好きの方々である．近年，まち歩きが人気となってはいるものの，地域の地形・地質や歴史を中心とした書籍が多く，商店街など店舗が集まるまちを対象としたものは少ないように思える．本書で示したまちの見方・考え方は，本書で取り上げた事例地以外にも適応できるため，ぜひ本書を片手にまちを歩き，地理学的な見方・考え方を用いてまちを読み解く面白さを体験していただきたい．

著者が教育学部に所属している関係から，小・中・高等学校で社会科や地理を担当されている教員の方々も読者として想定した．子どもたちの多くが都市部で居住する今日，まちは目に見える身近な存在である．まちを歩き，見て，考えることから，地理的な見方や考え方を養い，地理の面白さを体験することに，本書が少しでもお役に立てば幸いである．

本書では，地理学を中心に，まちを研究対象とする隣接科学である商業学，社会学，都市計画学，建築学など，さまざまな分野の文献を参考にさせていただいた．著者の力不足により，貴重な研究成果であるにもかかわらず，本書で取り上げることができなかったものもあるが，ご容赦いただきたい．

本書は，基本的には興味のある章から読んでいただいて構わない．略語については初出の際に説明を付しているが，頻発するSCはショッピングセンターを，CVSはコンビニエンスストアを，それぞれ意味する．

本書は，著者のこれまでの地理学研究に対する考え方が反映されたものであり，ご指導いただいた多くの方々に感謝申し上げたい．日頃からさまざまな面でご助言をいただいている本務校の東京学芸大学の先生方，学生時代にご指導をいただいた日本大学地理学教室の先生方，一緒になって調査・研究に励み貴重な時間を共有してくれた学生やOB・OGの皆さま，学会などさまざまな機会で貴重なご助言をくださった先生方，常に著者のことを応援し続けてくれた両親に，この場をお借りしてお礼申し上げます．

本書の出版に際して，古今書院の関　秀明氏には，企画段階から大変にお世話になりました．ここに記してお礼申し上げます．

2022年4月15日　牛垣雄矢

目　次

1部　【基礎編】　　「まちの地理学」の見方・考え方

2部　【実践編】　　まちを歩く・みる・考える

序 章

1. 本書の目的と構成

「まち」は面白い．まちは鉄道やバスなどの公共交通が整備されてアクセスしやすい場所に位置するために，さまざまな用途で利用される建物が立地し，多様な人が集まる．さまざまな種類，かつ高度な経済活動が展開されるために活気があり，多様な文化が息づいている．一方で変化も激しいため，訪れるたびにその表情が異なる．

まちは多様な要素で構成されるが，本書では特に店舗が集積する商業地を対象とする．商業地に対する呼称には，ほかにも商店街や商業集積（地）などの表現があるが，商業地の構成要素は店舗だけではなく，オフィスや住居など店舗以外の要素がその特徴に影響を与える場合もあるため，商業地の特徴を把握するには，商業以外の要素をみる必要もある．そこで本書では，店舗を中心としつつもそれ以外の要素を踏まえて商業地をとらえることから，「まち」という表現を用いる．

本書では，「まち」のほか「地域」「都市」など空間を表す用語を複数用いる．これらの用語の定義は，一般的にも学問分野によっても使われ方はまちまちだが，本書では図 0.1 のように扱うこととする．まず通勤圏に代表される人びとの日常生活圏として，地理学でいうところの結節地域として，ひとつのまとまりある空間を形成しているも

のを「都市」とする．都市は，地理学において等質地域と表現するような，多数で大小さまざまな規模の地域やまちで構成される．そのうち主な構成要素として店舗が集積し，ひとつのまとまりある空間を形成するものを「まち」とする．オフィス，行政，工業，住居など店舗以外の機能を主たる構成要素として，ひとつのまとまりある空間を形成するものを「地域」とする．ある「地域」の中に「まち」が含まれることもあり得る．

1990 年代以降，日本では大都市でも地方都市でもショッピングセンター（以下，SC とする）などの大型店の建設が相次いでいるが，これらと自然発生的に店舗が集積したまちとは，性格が大きく異なる．詳しくは 5 章の 1 を参照していただきたいが，大型店はそれ自体が一つのまち以上の規模を有するため，その場所の地域的・歴史的な文脈を考慮せずに立地する場合が多いのに対して，自然発生的に店舗が集積することで形成されたまちは，その特徴に周辺地域の性格やその歴史が反映されやすく，かつて中心商業地は「都市の顔」といわれた（戸所 1991）．

近年は「まち歩き」も人気であり，テレビでの放映や関連書籍の出版が相次いでいる．代表的なテレビ番組のひとつに NHK の「ブラタモリ」があげられるが，同番組もそのほかのまち歩き系の書籍も，地形や歴史的な要素に着目した内容が多いのに対して，商業に関する内容は少ないように思える．地理学および地理教育の分野では，地域を歩きその特徴を把握する巡検やエクスカーションに関する書籍も出版されているが，商業地を対象とした記述は少ないようにみえる．巡検・エクスカーションの際には，地理的見方のひとつである「自然と人間の関わり」（＝自然条件と人間活動との関係性）が取り上げられることが多いが，商業地や店舗の特徴と自然条件との関連が比較的

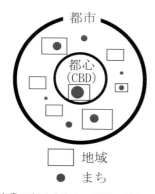

図 0.1　本書におけるまち・地域・都市のイメージ

薄いことも，扱われにくい理由のひとつとも考えられる．

　それでも，実際のまちにはさまざまな特徴があり，その特徴がもたらされた理由が必ずある．本書は，著者が専門とする地理学の立場から，まちの特徴や構造をとらえる本である．言い換えれば，いかにまちの特徴や構造を読み解くか，について地理学の立場から説明した本ともいえる．そのため中心地理論（3章の1）や都市内部の同心円地帯モデル（4章の1）など，地理学に関する理論やモデルを数多く取り上げ，その概念を用いてまちを読み解いていきたい．地域の特徴は何か，それはなぜもたらされたか，という問いは，地理学としては最も伝統的で基本的な問いである．本書はまちを対象に，それを理解するための見方や考え方を示すものである．

　本書の構成は，前半の1部は基礎編として，まちの特徴や構造をとらえるための地理的見方や考え方を示し，後半の2部では実践編として，具体的なまちを取り上げてその特徴や構造をみる．1部の1章ではまちの内部の特徴を，2章ではまちの内部の構造をとらえるための見方・考え方を示す．3章では中心性からまちをとらえる見方・考え方を，4章では都市内部にまちを位置づけ，その中でまちの特徴をとらえる見方・考え方を示す．

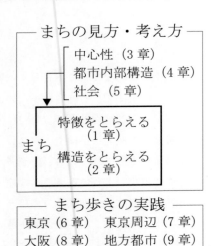

図 0.2　本書の構成

5章では時代背景の変化や店舗経営の合理化の進展，新たな法律の制定や改正，行政や警察など権力主体との関連，メディアとまちとの関係，新型コロナウイルス感染症の拡大など，社会的状況との関わりからまちをとらえる見方・考え方を示す．2部は具体的なまちを歩いて，みて，考える実践編であり，6章は東京，7章は東京の周辺，8章は大阪，9章は地方都市のまちを扱う（図0.2）．

　著者はかつて，近年の地理学においてどのようなまちが対象とされ，どのような視点や方法で研究されてきたのかについて整理した（牛垣 2017）．本書は，地理学を学ぶ学生のみならず，地理学とは関係のないまちやまち歩きを好む方も読者として想定しているため，「まちにおける地理学研究の対象・視点・方法」（表0.1）をまとめた前著を参考にしつつも，「まちの地理学的な見方・考え方」をコンセプトとして大幅に改編した．

　本書では，まちに関わる事象や概念，理論，モデルの理解を助けるために，多くの図表を掲載した．その中には中学・高等学校の地理学習で学ぶ事柄も少なくない．まちは子どもたちにとっても日常生活や旅行などで目にする身近な教材であるため，本書を学校教育における地理学習でも活かせるように意識した．

2.　まちの地理学に関する主な文献

　ここでは商業地や商店街といったまちを主な分析対象とした地理学研究について，書籍を中心に紹介する．なお，商業は大きく卸売業と小売業に分けることができるが，前者は産業活動と関係し，後者は住民生活と直接関係する（伊藤 1992）．本書では，買い物等で一般消費者に直接関わる小売業や飲食業，対個人サービス業などが主な対象となるため，ここでも小売業を対象とした地理学を中心に扱う．

　まず，まちを対象とした地理学研究としては，杉村による一連の成果があり（杉村 1975，1977，1978，1985，1989，1993a など），日本の都市の

表 0.1　1990 年以降の地理学における まち研究の対象・視点・方法

1 明確な特徴を有するまちを対象とした研究	3) 災害復興
1) 若者のまち・ファッション街	
2) オタクのまち	**4 まちと権力の関係に対する研究の視点**
3) エスニシティ	1) 行政・警察など権力主体との関係
4) 景観が優れたまち	2) メディアとの関係
5) 花街・遊郭・飲食店街	
6) 成功・先行事例を対象とした研究	**5 まちの再生・活性化に対する研究の視点**
	1) ハード面の再開発
2 まちにおける空間的視点	2) 商店経営者や市民による活動
1) まち内部の構造	3) 商店経営者の意識・工夫
a 空間的差異・機能分化	4) 空き店舗の問題と活用
b 中心地・核心地の移動・競合・多核化	5) その他
c 交通網の整備や自動車利用の促進に伴う構造変化	
d 再開発ビルの建設に伴う構造変化	**6 まちに集まる人に対する研究の視点**
2) まちを都市圏・都市内部に位置づけた研究	1) 消費者の意識・行動
a 都心の事例	2) 人と人との関わり
b 都心周辺の事例	a 店員と客との関わり
c 郊外の事例	b 文化的活動を紐帯としたつながり
3) 地域間関係	c 仲間との居場所
4) 交通インフラの整備に伴う地域変容	
a 地域間の交通インフラの整備	**7 その他のまち研究の視点と方法**
b まち内部の交通インフラの整備	1) 時間的・歴史的視点
	2) まちの比較研究の視点
3 まちと社会状況の関係に対する研究の視点	3) 社会理論を援用する研究の方法
1) モータリゼーションの影響	4) その他の研究の視点
2) 法律・制度の影響	

牛垣（2017）より一部修正.

中心商店街について，その地理的特徴，路線価や歩行者通行量からみた構造，都市構造との関係，中心商店街の変化と階層性，業種・業態別の立地動向，空間的機能分化，地下商店街の実態，再開発とまちとの関係やこれらの調査法などが示された．同じくまちの内部を実証的に考察した松澤（1986）は，東京の主な繁華街を対象に，その内部の空間的パターンや変化を，詳細な現地調査に基づいて明らかにするとともに，繁華街には同心円の三層構造が存在することを示した（2 章の 1）.

　都市地理学の概念を用いたまちの研究として，服部（1977, 1981）は，都市化や都市内部構造，中心地理論の概念を用いて，商業立地やその内部の特徴や変化をとらえた．田村（1981）は，首都圏における都市化の最前線に位置する地域を対象に，まちの特徴と形成過程を考察した.戸所(1991)は，大型店の立地を「建物の街化」ととらえ，商業環境の変化と都市構造，大型店の立地動向，消費者購買行動の変化や，それらのアメリカ都市との比較から，商業近代化の実態と方向性を考察した．根田（1999a）は，主に北海道釧路市を対象に，業種構成の観点と生業的経営もしくは企業的経営といった経営の観点から小売商業地を類型化し，これに基づき都市内小売業の空間構造とその形成

プロセスを考察した．千葉（2012）は，住宅開発を中心に都市の内部構造の変化とその商業集積への影響やまちづくりの方向性を考察した．

　日本の地方都市における中心市街地の衰退と活性化に関する研究として，山川（2004）は，都市・国民経済・国際経済などさまざまな空間スケールから，大手スーパーの立地戦略としての大型店の立地や，それに伴う地域商業の再編や対応を考察した．根田編（2016）は，まちづくり三法の制定から改定の背景・経緯・課題とともに，日本の手本としてイギリスの中心市街地活性化の歴史と特徴を示しつつ，日本の中心市街地については商業・観光・住宅に着目してその特徴と問題を検討した．イギリスを中心市街地活性化の成功例として位置づけた研究には伊東（2011）もあげられる．箸本・武者編（2021）は，地域主導で既存のストックを活用して場所の価値を高める戦略として空き不動産の利活用の重要性を指摘し，それを活かした取り組みについて考察した．安倉（2021）は，大型店の立地再編に伴う地域商業の枠組みの変化について，大手流通資本，行政，近隣住民，商店街のまちづくり主体といったアクターの行動を手がかりに，「地域市場における消費の争奪」の実態を考察した．

　自動車を運転できず徒歩圏内に買い物をする店舗がない「買い物弱者」問題や，生きるために不可欠な食料品を購入できる店舗がない「フードデザート」（食の砂漠）問題を扱った成果としては，岩間編（2013，2017）がある．高齢化とともに人口減少時代に突入している日本において問題となっている空き家問題について，その発生要因や分布特性，対策等を考察した成果としては由井ほか編（2016）がある．

　そのほか，エスニックタウンを対象とした研究では，山下による世界中のチャイナタウンを対象にした一連の研究（山下 2010，2016，2019，2021 ほか）や，フィリピン人女性エンターテイナーを対象に，彼女らを他者化＝周縁化する社会・空間的な権力構造を考察した阿部（2011）がある．また，近代期の花街や遊郭の形成過程やその特徴を考察した成果としては，加藤政洋（2002a，2005，2009a，2009b，2009c，2017）や加藤晴美（2021）の研究がある．商業地理学の教科書としては，商業の定義や分類，商業立地の原理，商業地の配列と内部構造などをまとめた奥野ほか（1999）や，消費者の思考や行動と企業の経営やマーケティング活動の関係を地域・空間を通してとらえるマーケティング地理学の基本的な見方・考え方をまとめた佐藤（1998）がある．さらに近年においては，2020 年度の第 67 回経済地理学会大会のシンポジウムが「大都市における「街」の経済地理学」をテーマとしており，会誌にてその成果（網島 2020，金 2020，杉山 2020，片岡 2020，武者 2020）が報告された．加えて，流通や消費の変化を，地理学の概念や，日本の地理的環境とその変化から解説した土屋（2022）が発表された．

　まちの見方・考え方に関する書籍として，都市工学系分野による成果としては，まちを調べるための資料や分析方法，ワークショップの方法などをまとめた西村・野澤編（2010）や，具体的なまちを事例に，地域づくりのための読み解き方をまとめた西村・野澤編（2017）があげられる．特に後者は本書に似ている面もあるが，工学系分野であるために建物や街路といったハード面を中心に扱っている．本書は，建物の外観というよりは用途からその特徴を読み解き，その特徴がもたらされる背景として街路形態などを読み解いていく．このほか，銀座などを中心に，建物や街区，路地，運河といったハード面を中心に，近代期からの変遷を詳細に分析・考察した岡本の成果がある（岡本 2003，2006）．

1部

【基礎編】

「まちの地理学」の見方・考え方

1章　まちの内部の特徴をとらえる

1.「まちをみる」と「まちでみる」

　地域や空間を研究対象としてきた地理学においては，地域をみる際には「地域をみる」場合と，「地域でみる」場合があると認識されている．前者は地域そのものの特徴・構造やその背景を把握することを目的とするのに対して，後者は例えばオフィスや工場の立地などある特定の現象に関心があり，その現象が典型的ないし特徴的な形で集積する地域を対象とすることで，オフィスや工場の集積の特徴や構造，その背景を理解することを目的とする．地理学の分野では，前者を地誌学の立場からの地域の理解，後者を系統地理学の立場からの地域の理解と位置づけている．ただし地誌学と系統地理学は完全に区分されるものではなく，地理学において空間で生じる現象を理解するためのふたつの見方ととらえるべきである．

　本書で扱う「まち」も，これと同様のとらえ方ができる．「まちをみる」ことで，まちそのものの特徴や構造をとらえることができ，「まちでみる」ことで，社会で生じている何らかの現象の特徴についてまちを通してとらえることができる．また「まちでみる」見方は，みているまちを通して，日本や世界のまちで共通にみられる普遍的な現象を理解しようとする見方でもある．言い換えれば「まちから日本や世界を理解する」見方といえる．『まちの地理学』をタイトルとする本書では，どちらかといえば前者のとらえ方が主となるが，随時後者の見方からもまちで生じる現象をとらえていきたい．

2.まちの何をみるのか

　まちをみる際には，一体まちの何をみるのか．まず，まちを歩いて目に入るのは景観である．景観とは何か．デジタル大辞泉でその意味をみると「人間が視覚的に認識する風景」とある．今日では景観に関する書籍が多数出版されている建築学の分野では，景観は色彩やスカイライン，壁面線の統一感など，見た目としての景観に特に注目するかもしれない．一方，地理学においては，目の前の景観が，地域の自然，人文・社会的条件が反映されたもの，人間活動が反映されたものとして解釈するとともに，その地点を含めたまちや地域の地理的特徴が反映されたもの，として解釈する．地理学では，景観から，自然や人文社会現象を語るとともに，まちや地域を語る，より端的にいえば，景観から世の中を語るのである．地理学において，まちを歩く，まちをみる，という行為は，そのような意識をもって行われる．

　では，具体的には何をみるのか．店舗に対しては，店舗が扱っている商品やサービス（店の業種，業態），それを示す看板，店舗の数や規模，創業年（古いか新しいか），店頭の装飾や陳列販売等の外観，チェーン店か否かといった点がポイントとなる．壁面がガラス張りの店舗は，その内外の人が互いを「みる・みられる」関係を演出している場合もあれば（6章の2），その店舗が何の店か，面白そうだ，といったことが直感的にわかるようにするトランスペアレンシー（透明性）の概念に基づくデザイン（三浦2007）という場合もある．エスニックタウンでは，看板で用いられている言語によって，その店舗が同胞向けかホスト社会の人びと向けかを読み取ることができる（6章の4）．

　まちに訪れる人に対しては，来訪者の性別・年齢・服装，日本人か外国人か，外国人であればどのような地域から来た人か，人数，グループかひとりか，グループであれば友人同士か・恋人か・家族か，歩行者の数や歩く方向（導線）といった点がポイントとなる．

　また，まちを文字通り目でみるだけでなく，店舗の店員に話を聞くことでまちを理解しようとす

る場合には，売り上げの動向とその背景，商品の仕入れ先，主な顧客層，インターネットやSNSの使用といった情報発信の方法，店主の年齢，後継者の有無，従業員数，駐車場の有無，土地や建物を所有しているか否か（テナントか否か），居住地が同一か否か，店舗やまちを活性化させるための取り組み等の情報が重要となる（田上・牛垣2018，牛垣ほか2019，栗山ほか2021，磯部・牛垣2021，原田・牛垣2022）.

　同様にまちに訪れる人やまちを利用する地域住民に対しアンケート調査などで情報を得ることでまちを理解しようとする場合には，性別，年齢層，人数，同伴者との関係，居住地，来訪目的，移動手段，商品・サービスごとの利用する施設や店舗，来訪頻度などの情報が重要となる（牛垣ほか2020，磯部・牛垣2021，栗山ほか2021）.

　まちを歩き，みて，聞いて集めたこれらの情報から，どのような人文社会現象を説明するのか，まちの特徴を説明するのか，ということが問われるのである.

3．まちの特徴のとらえ方
【買い回り型と最寄り型】

　まちにはどのような種類や区分の仕方があるだろうか．まずは「買い回り型」と「最寄り型」という区分がある．前者は文字通り商品を購入する際に買い回る場合が多い商品を扱う店舗であり，高額な衣服や指輪，時計，ネックレスなどの服飾関係が代表的な業種とされる．一般的には，これらの商品の購入頻度は低く，たまに買い物をする際には，自宅から時間と費用をかけて遠出をしてでも選択肢が多様なまちで，いろいろな商品をみて買い物をする場合が多い．一方，後者は文字通り最寄りのまちで購入する商品を扱う店舗であり，食料品や医薬品など日常生活を送るうえで不可欠な商品がこれに当たる．これらは購入頻度が高いために，買い物をする際には，自宅から徒歩や自転車等で通える範囲で済ませる場合が多い.

ただし，例えば衣服でも，下着類と高級スーツなどでは購入頻度や購入先なども大きく異なり，下着などは最寄の低価格衣服系チェーン店で購入する場合も多いため，両者が必ずしも業種で区分できるとは限らない.

【基盤産業（basic industry）と非基盤産業（non-basic industry）】

　最寄り品や買い回り品と似てはいるが少し異なる区分として，「基盤産業」（basic industry）と「非基盤産業」（non-basic industry）がある．前者は，まちで生産したり販売した商品が，まちの外で購入される場合であり，まちに収入をもたらす．一方で後者は，商品がまちの内部で購入される場合であり，商品の売買が生じてもあくまでまちの内部で金が回っているだけであり，まちに収益をもたらすわけではない.

　多くの場合は，商圏の広い買い回り型は基盤産業に当たり，商圏が狭い最寄り型は非基盤産業に当たる．まちを経済的に活性化させるためには，外から人を引き付け，地域に経済的利益をもたらす基盤産業（買い回り型）に位置づけられる店舗が求められる．例えば東京の原宿や秋葉原などには，広く国内外から人を引き付ける店舗が多いため，このタイプのまちといえる.

　ただし非基盤産業（最寄り型）の店舗がまちの経済的な活性化に無関係ということではない．日常的な生活を送るうえで，近隣にこのタイプの店舗が立地し買い物環境が充実しているか否かという点は，居住地選択のうえで重要な要素である．近年では，リチャード・フロリダによるアメリカ都市の研究によって，クリエイティブ層と呼ばれる優れた人材は，住環境が魅力的な地域に住むことを優先し，そのうえで就業先を選択するということが指摘されている（フロリダ2010）．東京一極集中が顕著な日本においてこの指摘がどの程度有効性をもつかは明確ではないが，以前にも増して優秀な人材が住環境を重視する傾向にあることは大いに考えられることであり，その際に最寄り

品店の充実は重要な要素となる．非基盤産業（最寄り型）の店舗の充実は定住人口の維持・増加に寄与する可能性が高く，その点でまちの活性化に寄与する可能性がある（牛垣ほか2019）．

【手段的消費と目的的消費】

また「手段的消費」と「目的的消費」という区分もある．前者は生命や生活の維持など人間の基本的欲求に基づく消費で個人差は少なく，食料，寝具，衣服，保健医療・修理サービスなどがある．一方で後者は，生きがい充足のための消費であり，個人差が大きく，テレビ等の教養娯楽用耐久財，運動用具，外食・娯楽サービスなどがある（戸所1991）．

さらに三浦（2012）は，商品を4区分する考え方として，①生きるために必要な商品（最低限の衣食住），②社会生活を営むために必要な商品（ラジオ・テレビ・車など），②差別化する，自己主張するための商品（流行・ブランドなど），④自己啓発および内的充足が得られるような商品（趣味，読書，芸術）を示した．

【自然発生的なまちと計画的につくられたまち】

まちの形成過程に関する区分として，「自然発生的」か「計画的」かという区分がある．前者は，立地や経営に関する意思決定権を個々の店舗の店主がもち，それらの店舗が自然発生的に集積することで形成されたまちである．一方で後者は，大規模な再開発に際してその主体である企業や自治体によってコンセプトが設定された上で店舗が誘致されて形成されたまちであり，横浜のみなとみらい21などが事例としてあげられる．都市の郊外などに立地するSCは，ひとつの商業地に匹敵するかそれ以上の規模を誇るものも多く，これを経営する企業によって設定されたコンセプトに基づいて入居するテナントが決まるため，後者に近い性格をもつ．

自然発生的に形成されたまちは「商業集積」と表現される場合もあり，商業学などでは，小規模な店舗によって形成される商業集積の方が，内部で競争関係が生まれ商品の差別化が図られることで，まちとして商品が多様になるとともに，総合量販店などに比べて，時代の変化に伴う対応が柔軟になるなど強みをもつと指摘した（石原2000，山下2001）．しかし近年では，多くの地方都市の郊外にSCが立地するなど，計画的に形成された商業空間が一層拡大している．

【競争関係にある店舗が集積する理由と同業種型商業集積】

上記の自然発生的に形成された商業集積では，各店舗は競争の関係にあると同時に，自店舗だけでは引き付けることができない来訪者を他店舗が引き付ける点において依存の関係にもある（石原2000）．この「競争と依存の関係」は，そもそもまちに店舗が集まる理由でもある．あるA店舗が単独で立地する場合，競合する店舗はないものの，A店舗で扱う商品を求める顧客しか訪れない．同様の商品を扱う店舗は他の場所にもあるため，A店舗の商圏は非常に狭くなる．一方，さまざまな業種を扱う別の店舗が周辺に集まっていると，それらの店舗で扱う商品を求める顧客もまちに訪れる．A店舗にとっては，別のB店舗へ買い物をするために訪れた顧客が，ついでにA店舗でも買い物をしてもらえる可能性があるため，B店舗に対して依存の関係があるが，同時にB店舗がA店舗と同じ商品を扱う可能性もあるため，競合の関係が生じる場合もある．このように，競合するだけではなく依存の関係が成立することにより，店舗はまちに集まるのである．

さらには，似た商品を扱う店舗が集積する「同業種型商業集積」では，個々の店舗はほかの店舗に対して商品の差別化を図り，そのような店舗が集まることで，結果としてまちとして商品が多様となり，それがまちの魅力や強みとなって広範囲から人を引き付け，広い商圏を獲得する場合もある．消費者の比較購買への欲求が強い商品ほど，同業種の店舗が集積しやすい．その代表的な事例が，6章で取り上げる東京の秋葉原や原宿である．

【関連購買行動・趣味の構造】

　同業種型商業集積のうち，その代表的な事例といえる秋葉原や原宿が広い商圏を獲得して人を引き付けることができるのは，消費者の「関連購買行動」（石原 2000）に答えることができているからこそである．

　例えばアニメのまちとして知られる秋葉原へ訪れるアニメ好きの人の中には，アイドル，鉄道模型，パソコン等デジタル機器，ゲームなどに興味をもつ人が多い．そのため，これらの商品やサービスを扱う店舗が集積するまちは，それらの趣味をもつ人びとにとっては，一度の来訪でさまざまな楽しみを提供してくれるまちとして魅力的である．森川（2003）は，レーザーディスクを集めるくらいアニメが好きな人は，テレビゲームや漫画同人誌などを読んだり，ガレージキット（少量生産される組み立て式の模型）を愛好したりする傾向があるとして，これを「オタク趣味の構造」と呼んだ．

　同じく原宿は，衣服やアクセサリーなど服飾関連の店舗が中心であるが，これらに興味をもつ若者は流行に敏感であるため，パンケーキやタピオカミルクティーなど話題の飲食店や飲食料品小売店が集積するまちは魅力的となる．この関連購買行動には，さまざまな業種・業態の組み合わせがあり得るが，これが成立するか否かが，消費者にとって魅力的なまちか否かを分けることになる．

【「浅草的なるもの」と「銀座的なるもの」】

　東京の浅草など，江戸時代以降に日本の各地で形成された盛り場は，老若男女，貧富の差を問わず，不特定多数の人が集まり，管理されない自由な空間だからこそ，雑然とした活気がみられた．時に不潔な要素を含みつつも，そこでの活動や楽しみによって，日々の仕事の疲れやうっ憤を晴らすことができる空間でもあった．一方，西洋への窓として，国策として整備された東京の銀座は，清潔や綺麗という記号が重視された空間であり，ファッションへの関心の高まりも相まって，「見る・見られる」行為が重要となった．

　前者（浅草）は，自身の内面的な欲求を晴らすためのまちであるのに対して，後者（銀座）は，外から（他者から）の見られ方で喜びを得るまちといえる．吉見（1987）は，前者を「浅草的なるもの」，後者を「銀座的なるもの」と表現した．戦前には「銀座的なるもの」のようなまちは一部であったが，戦後はこれが渋谷，原宿，六本木などと広がっていった．浅草的なまち（盛り場）は，場所の論理が先にあり，それに規定されてイメージが形成されたが，銀座的なまちでは，メディアが描写したまちのイメージがそのまちの出来事を既定した．「銀座的なるもの」のようなまちは，メディアが発信する消費生活のスタイルを演じるための舞台ともいえる（成瀬 1993，吉見 1999）．

【マクロな空間の中でのまちの位置づけ】

　本書で扱う「まち」のようなミクロスケールな地域に対して，地理学においては，よりマクロな空間の中でいかに位置づけるかを重視してきた．具体的に浮田（1984）は，①機能的な媒介を通して，階層的に結合させていく方法で，結節地域の考え方によるもの．②相互の共通性や等質性を求めつつ，地域的な連続の中で一般化・類型化していく方法で，地域区分の考え方によるもの．③地域的連続性にとらわれずに，ミクロな検討結果をマクロな地域的類型の中に一般化ないし類型化していく方法を示した．本書では，①のとらえ方として，中心性に基づくまちの位置づけを 3 章で，②のとらえ方として，都市内部構造論に基づくまちの位置づけを 4 章で，③の類型論的な考え方に基づくまちの位置づけを 1 章の以下の節で扱う．

4．まちの特徴と近年の地理学研究

【若者のまち・ファッションタウン】

　地理学者が着目するまちのひとつに，若者が集うまちがある．これは多くの場合，服飾関係の店舗が集まるファッションタウンである場合が多い．ファッションタウンは，例えば大阪・アメリ

10

カ村（8章の3）や横浜・元町（7章の2）のような都市住民にとってのファッションの購入先ということに留まらず，例えば銀座や原宿（6章の3）のように，世界的な高級ブランドや日本発祥のカワイイファッションを求めて，国内各地や世界中から人が訪れるようなまちもある．ファッションは流行性の高い分野であるため，ファッションタウンが服飾関係の商品のみならず，飲食店をはじめそのほかの商品やサービスの流行の発信地となる場合もある．

地理学では，若者のまち・ファッションタウンの特徴やその形成・変容の背景を明らかにするために，服飾関係の店舗や関連するメーカー，広告デザイン会社（服部・浦・小野・清水1990，服部・浦・岩動1991，服部・浦・芳賀・山中1991）や古着屋（中道2015，木谷2022）などを対象に，その分布パターンや集積過程，分布や集積の背景，また若者ファッション・雑誌メディア・まちの店舗との相互関係（三上1997，川口2008）などに着目してきた．若者男性が集まるきっかけとして学習塾の存在を指摘した研究（伊富貴1997）や，音楽による人間関係の形成やまちとの関係を考察した研究（成瀬2012）もある．

【アニメ・オタクのまち】

日本のアニメやゲームなど，いわゆるサブカルチャーと呼ばれる分野は世界で高い評価を得ており，これらの商品を扱う店舗が集積する東京の秋葉原や池袋および大阪の日本橋は，それらに強く興味をもついわゆるオタクと呼ばれる人びとにとっての聖地としてのみならず，多くの外国人を引き付ける国内きっての観光地となっている．かつてはこのまちへ訪れる人は，偏った趣味や嗜好をもったオタクとして悪いイメージを抱かれていたが，近年は多くの人がアニメやゲームを好むようになったために，このような偏見は弱まっているように感じる．これらのまちは，時代の変化に伴い人びとのニーズが変化する中で取扱商品を変え，まちとして変化してきた（6章の6）．

これらのまちに対して地理学では，取扱商品の特徴，店舗の集積過程とその背景（長田・鈴木2010，牛垣2012，2013，2014，牛垣ほか2016）や，まちがオタクと呼ばれる人びとを取り込み，まちづくり活動を展開した過程や背景（和田2014，杉山ほか2015）に着目してきた．

一方，これらのまちでは店舗がアニメ関連の商品を扱うことによって「アニメのまち」となったのに対して，アニメの舞台となった場所をファンが訪れる，いわゆる聖地巡礼をする人びとをターゲットとしてまちが変化することで「アニメのまち」となる場合もある（石坂ほか2016）．これは，アニメ制作会社によって，特定のアニメの舞台という新たな価値が付与された事例ととらえることもでき（5章の4），個々の店舗がそれぞれの意思決定に基づきアニメ関連商品を扱うことで，自然発生的にアニメのまちとなった上記のまちとは性格が異なる．

【エスニックタウン・マイノリティのまち】

日本国内において，外国国籍を有していたり親や叔父・叔母が外国出身など，外国にルーツをもつ人びとが集まり，彼らが経営する店舗が集まるまちをエスニックタウンと呼ぶ．矢ケ﨑（2020）は，アメリカ・ロサンゼルスのエスニックタウンを読み解くための12の要素として，空間，組織，シンボル（モニュメント），博物館，フェスティバル，宗教施設，バンキング，フード，食料品雑貨店，宿泊施設，新聞，テレビ・ラジオ局をあげた．これらの多くは，日本国内のエスニックタウンを読み解く上でも重要な要素といえよう．

エスニック集団の文化をめぐって激しい議論や闘争が繰り広げられてきたヨーロッパでは，エスニック景観が，エスニック集団の力関係によってさまざまな態度や行為の対象とされた．ナチスが行った蛮行も，ユダヤ人のエスニック景観の撲滅をめざす側面もあったという（加賀美2011）．

日本においては，横浜・神戸・長崎など江戸末期の開港によって早くから外国人が集まった港町

には中華街が形成されている（7章の2）．これらの中華街が，以前から日本で生活していた老華僑によって形成されたのに対して，例えば新しいチャイナタウンである池袋は，中国の改革開放政策以降に留学や移住で日本へ来た新架橋によって形成されるなど（山下2010），まちの特徴は大きく異なる．

代表的な工業都市であった大阪の鶴橋（8章の6）や川崎の桜本（7章の1）などには，第二次世界大戦の以前（以後，戦前や戦後とする）から，日本がかつて統治していた朝鮮半島から連れられた人びとが集住するまちがあり，今日ではその一角に戦後彼らが開いた焼き肉店や韓国料理店が集まるコリアタウンがある．東京のコリアタウンとして有名な大久保（6章の4）は，すぐ南に位置する新宿歌舞伎町で働く人びとが集まったことや，韓国企業のロッテの工場がこの付近に立地しその就業者が集住したことが，まちの形成の背景といわれており，鶴橋や桜本とはまちの形成の背景が異なる．

エスニックタウンに対して地理学では，少数民族であり社会的には弱い立場にある人びと（マイノリティ）が，ホスト社会である日本で暮らしていくために，モノや情報の交換の拠点としてエスニックタウンが機能していたことや（片岡2005），最初は同胞を対象としていた商品・サービスがその後にホスト社会である日本人を対象としたビジネスへと変容する過程や背景（堀江2015，金2016，2020），かつての花街における在日朝鮮人による土地取得と韓国クラブの集積過程（福本2015），フィリピンパブで働く女性たちとその雇用者，地域住民，警察，入国管理局や国の制度との関係（阿部2003，2005）などに着目してきた．

エスニックタウンとは別に，マイノリティといわれる人びとが集まるまちとして，男性の同性愛者（いわゆるゲイ男性）が集まる新宿二丁目があげられ，その店舗，看板，道行く人びとの様子か

らまちの特徴を肌で感じることができる．このまちに対する研究では，ゲイ男性同士のつながりや，まちに訪れる異性愛者に対する拒絶と受容の認識（須崎2019a），彼らが集まるまちの特徴とその存続条件（須崎2019b）に着目してきた．

【景観が魅力的なまち】

文化財保護法に基づく重要伝統的建造物群保存地区（以下，重伝建とする）に指定されるなどによって景観が魅力的なまちは，かつて宿場町として周辺地域に対する商業の中心地であったまちや，現在多くの観光客を取り込むことで賑わいをみせるまちもある．

地理学では，景観が魅力的なまちに対して，歴史的町並みの地域的特色や保存の現状（小堀1999），土地利用やその変遷と色彩との関係（戸所2004，2006），町並み保存活動が活発となる経緯（溝尾・菅原2000），重伝建指定に至る過程・背景や地域への影響（永野・中山2011，山口2010），伝統的建築物の保存要因（近藤2006），観光地化に対する住民の評価（中尾2006），重伝建未指定地区での伝統的建築物の補修・保存・利用・取り壊しのメカニズム（丸山ほか2008），修景とワークショップによるまちづくりの効果（山川2001），重伝建地区に対する社会実験と観光地化の可能性（根田2010）などに着目してきた．

【花街・遊郭・飲食店のまち】

居酒屋やバーといった飲食店や料亭，風俗店などは，人が本能的に求める機能を有しており，多くの人が集まる大都市には，これらの店舗が集積する歓楽街が必ず形成される．特に遊郭などの風俗関連施設が集まる特殊歓楽街は「都市における矛盾と欠陥のはけ口として存在」し（佐野1988），都市の維持・発展における必要悪としてとらえる見方もある．歓楽街の店舗は飲酒を伴う場合が多いため，徒歩や電車等の公共交通機関でアクセス可能な場所に立地する場合が多く，シャッター街となった地方都市のまちにも歓楽街は残るケースが多い．

地理学では，以前から歓楽街が形成される地域は，①港町や城下町の目抜き通り，②神社仏閣の門前町，③主要駅前，④基地の町（杉村1975）とされてきた．近年では，軍事関連施設や近代化・都市化・都心化と歓楽街の関係についての研究が多く，軍港都市（加藤政洋2002b）や米軍基地所在地（加藤政洋2013，2014，吉田2015，双木2016），都市化地域（加藤政洋2004），都心周辺地域（牛垣2006，加藤政洋2016）が研究対象とされてきた．また，地元有力者との関係（加藤晴美2010），娼妓の身売りの実態（加藤晴美2015），遊郭と地域交通としての水運との関係（加藤晴美2004），イベントを通した芸娼妓と地域住民との関わり（加藤晴美2009）などに着目してきた．

そのほかでは，日本有数の漁港を有し海鮮系の飲食店のまちとして人気の高い銚子市における人気飲食店の経営の特徴とその課題（牛垣ほか2019）や，業務核都市としてサラリーマンを主な顧客とする大宮駅周辺における個人飲食店の経営の特徴とその課題（原田・牛垣2022）などに着目した研究もある．

【企業城下町・大学・軍事基地のまち】

大規模な工場，大学，軍事基地などの施設が立地する地域では，その中のまちはその施設の影響を強く受け，その施設の動向はまちの盛衰を大きく左右する場合が多い．大規模な工場が立地する都市では，住民の多くはその工場やその関連企業に就職しており，そのような都市は「企業城下町」と呼ばれる．住民の買い物先である企業城下町の中のまちは，中核となる企業の影響を大きくうけ，工場が衰退ないし撤退すると，まちの活気は失われる場合が多い（難波田2006）．

同じように，多い所では数千人から数万人の学生が通う大学も，周辺のまちに影響を及ぼすため，「学生街」という言葉が存在する．しかし大学は年間の3分の1は休暇期間であり，まちと大学に通う学生との関わりは小さい場合もある．

在日米軍基地や戦前に日本軍の軍港があった都市では，軍事施設の存在によって膨大な労働力（昼間人口）をその場所に抱えるとともにその家族も居住するため，これらの人びとを対象としたまちが形成される（新井2005）．加えて，例えば横須賀の海軍カレーや長崎の佐世保バーガーなど，それらの施設自体がまちに影響を与えて観光資源をもたらす場合も多い．また前項でも触れたように，軍事施設を有する都市では，そこで働く人びとを主な顧客とした花街や遊郭などの歓楽街が形成される場合も多い．

【再開発でつくられたまち】

大規模な再開発によって計画的に造成されたまちとして，例えば横浜みなとみらい21（7章の2）などがあげられるが，その内部空間の特徴は，調査するまでもなく開発主体による計画通りである場合もあり，地理学的な実証研究は少ない．したがって地理学で再開発に関して研究される場合は，再開発に関わるアクターに対し，それぞれの意義や戦略，地域の政治権力構造などに着目してきた（小原2005，高野2005，武者2006，福田ほか2013）．そのほか，再開発後のまちの再編過程と都心構造の変化（安倉1998）や，再開発の実施の可否に影響を与える土地や建物の所有関係（永野1998）に着目してきた．

【再生に向けた取り組みが進むまち】

活気を失いつつある地方都市の中心市街地などにおいて地理学では，その再生に向けた取り組みとして，市民ボランティアによる都市観光の取り組み（兼子ほか2004），公的機関である商工会議所などで組織するTMOを中心とした活性化事業（佐野・高島2005），地縁型ではない仲間型組織による取り組み（安倉2007），住民やアーティストによるアートイベント活動（駒木2016），店員が商品やサービスの利用方法をレクチャーするまちゼミ（内藤2017，2021）について，活動の実態からその効果と課題が考察されてきた．

2章　まちの内部の構造をとらえる

1. まちの内部構造のモデル

　地理学では，土地利用などの指標を2次元もしくは3次元の空間上で把握し，その空間的パターンや法則性，それらがもたらされる背景について研究してきた．3章でみるクリスタラーの中心地理論や，4章でみる都市内部構造論は，都市地理学における代表的な研究の枠組みといえる．一方で，ひとつの都市という空間スケールと比べるとさらにミクロスケールなまちの内部に対しては，研究の蓄積はあるものの，空間的パターンのモデル化は積極的には行われてこなかった．

　その中で管見の限りで把握できている数少ない成果として，松澤（1986）が示した同心円三層構造（図2.1）がある．まちが小規模な場合は諸機能が混在し，大規模になるほど2層，3層と同種の機能が空間的に分化することを示している．2層のまちでは，中心（内層）に装身施設として服飾関係のファッション系やレストラン・喫茶店が立地するのに対して，中心から外れた場所（外層）には飲酒・娯楽店やラブホテル・ポルノ産業といった風俗関係店舗が立地するという．これらの業種がまちの外側へ立地するのは，地価との関係とともに，人目に付く表通りを避けることを望む業種ということも影響している．さらに店舗が集積しまちが大規模になると，中心から半径200mの同心円を描き3層に分化する．2層の場合の内層が3層の中心域に当たり，2層の外層が中間域と周縁域に分化している．この模式図は新宿，池袋，渋谷といった大規模なまちを対象とした実証的な研究（松沢 1965a，1965b，1966，1980など）に基づいている．服部（1981）でも新宿を事例に4つの同心円状の圏構造を図示しており，松澤の同心円三層構造もまちの見方・考え方として服部の影響を受けた可能性もある．7章の2でも横浜を事例にみるように，都市は規模が大きくなり機能

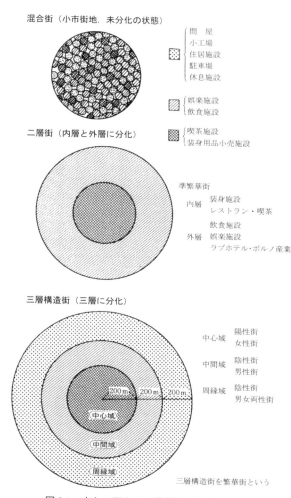

図2.1　まちの同心円三層構造（松澤 1986）

数が増えると，同種の機能が集まることで空間的な機能分化が生じるが，まちといったよりミクロな空間スケールでも，このような機能分化が生じている．ただし，中規模なまちと位置づけられる東京の高円寺を対象とした研究では，空間的な機能分化は同心円状ではなく，通りに沿って生じることが報告されている（木谷 2022）．

　地理学において，まちといったミクロスケールな空間現象をモデル化することに対する関心は，少なかったように思える．これは，ミクロスケー

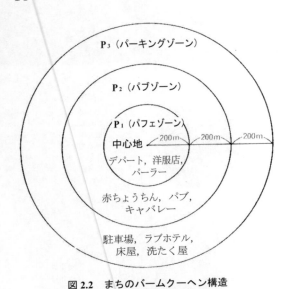

図 2.2　まちのバームクーヘン構造
（博報堂生活総合研究所 1985）

ルな地域研究は，より上位のスケールにいかに位置づけるかが重要であり，それ自体が地理学的か否かは重要ではない（浮田1970）という考え方があったことも一因と考えられる．一方で地理学以外の分野においては，内部空間のモデル化に

も関心が寄せられている．例えば博報堂生活総合研究所（1985）は「バームクーヘン構造」という表現で，松澤と似た同心円三層構造を描いている（図2.2）．ここでも松澤と同様，中心地から半径200mの同心円が描かれ，最も内側をP1（パフェゾーン）としてデパート，洋服店，パーラーが，その外側をP2（パブゾーン）として赤ちょうちん，パブ，キャバレーが，最も外側をP3（パーキングゾーン）として駐車場，ラブホテル，床屋，洗たく屋が立地することが示されている．建築史学の陣内（1991）や民俗学の神崎（1991）も，盛り場に関する論考の中でこの同心円三層構造の概念を用いている．「まちづくり」といった地域政策やマーケティングにおいては，文字通りまちを単位とするミクロスケールな空間の理論・モデルが活かせると考えられるため，まちの理論化・モデル化に向けた地理学研究も一層進展することが期待される．

　前掲の博報堂生活総合研究所（1985）では，この概念を活用して，「わざわざ店」の立地に言及

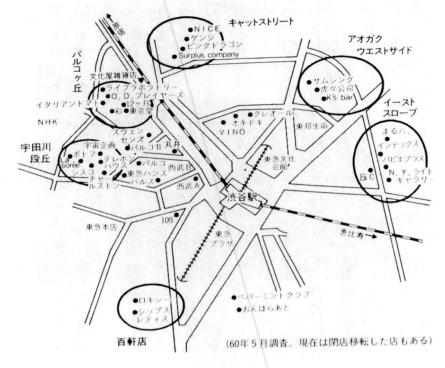

図 2.3　1980年代の渋谷におけるOLのお気に入りの店ベスト40
（博報堂生活総合研究所 1985）

（60年5月調査。現在は閉店移転した店もある）

している. 図2.3に示される通り，1980年代の渋谷においてOLお気に入りの店の多くは，中心である渋谷駅からおおよそ半径600mほど離れた場所に立地している. これらの店舗は，資本力の低い個人商店であるために，中心地から一定程度離れた地価の安い場所に立地する. また，1970年代以前の消費販売スタイルが，不特定多数の人びとをターゲットとする場合がほとんどであった中で，これらの店舗では，消費に個人的嗜好が反映され始める時代背景も相まって（5章の1），あえて入りにくい外観にして「わざわざ」入店させることで，ほかの店舗にはない特別感を演出した. この「わざわざ店」は，同心円三層構造の概念を実社会の中で応用してその発生を説明したものであり，ミクロスケールな地理的理論も実社会をとらえるうえで有効といえる.

2. 店舗の分布からまちの構造をとらえる

　図2.1や図2.2のようなモデル図を示すには，その前段階として，個々のまちにおける店舗の分布を，その業種・業態別に実態を把握する必要がある. 図2.4は，かつては電気街として知られた東京都の秋葉原における1954年と1973年の電気店の分布を示している. 1954年は，表通りである中央通りに面した場所にほとんどの店舗が立地しているが，5章の1でみるように，三種の神器が爆発的に売れた高度経済成長期の末期に当たる1973年には，店舗が増加したのみならず，中央通りだけでなく裏通りとなる街区内にも立地しており，まちが線状から面状へと広がっているようすがわかる（2章の5）.

　図2.5は，昭和初期における秋葉原地区の店舗分布を，営業税別にみたものである. これが高い店舗ほど高い税金を払っており，当時の秋葉原に

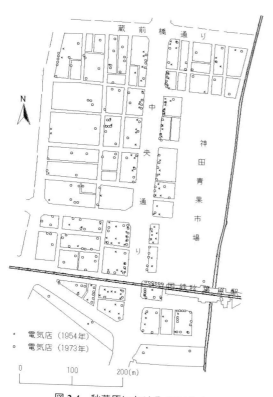

図2.4　秋葉原における1954年と1973年の電気店の分布
（牛垣2012. 火災保険特殊地図と住宅地図による）

図2.5　昭和初期（1930年）の秋葉原における営業税別の店舗分布
（牛垣2010. 大日本商人録などによる）

おける主要な店舗ととらえることができる．この図をみると，高い営業税を払っている店舗は昌平橋の北側に多く，図2.4でみられる中央通りを中心軸としたまちの構造とは異なるようにみえる．江戸時代は，現在の万世橋はなくやや西側，図2.5の神田川の「田」の文字の辺りに筋違橋（御門，見附）があった．その歴史性の影響により（2章の6），江戸城からみて旧筋違御門のすぐ外側に位置するこの場所に有力な店舗が立地していたと考えられる．

なお，図2.5中のBの伊勢丹呉服店は現在の伊勢丹百貨店であり，ここがその発祥の地であった．伊勢丹呉服店がこの地で開業したのは，明治初期の1880年頃，この場所には芸妓置屋や米穀問屋・米穀商が多く，花街の女性たちが顧客として期待できたこと，創始者の小菅丹治が米穀問屋兼米穀商へ婿養子に入ったことでこの分野が顧客として期待できたことが背景にある．この頃の業種別店舗分布をみると，旧筋違見附のすぐ外側に芸妓置屋が集積しており，この地が花街であったことがわかるが，それが管理空間であった江戸城の外側に当たる外堀のすぐ北側に位置していることから，江戸時代の都市構造の一旦を垣間見ることができる（牛垣2010）．

このように，まちの内部をみることから，まちそのものの構造だけでなく，まちを取りまく都市全体の構造の一旦をみることができる場合もある．まちの空間構造を研究する際には，まちを研究するのか（まちそのものの研究なのか），まちで研究するのか（まちを事例とした都市やそのほかの社会的事象の研究なのか），について意識する必要がある（1章の1）．

3．オモテまち・ウラまちと雑居ビル

まちの内部構造をみるうえで，そのメイン通りをオモテまち，そこから外れた裏路地をウラまちとしてとらえる見方もある．主要道路沿いであるオモテまちは，人通りも多く地価も高いために，

資本力のある大手チェーン店が数多く進出する傾向にある．それに対して，主要道路沿いから一歩入った裏路地（ウラまち）には，人通りが少なく土地の競合も生じにくいことで地価が安くテナント賃料も安いことから，比較的個人店でも存続することができる．そのために資本力の乏しい個人の新規店もここから発祥する場合も多い．例えば東京の秋葉原では，メイド喫茶などコスプレ店員がサービスを提供する店舗は地価の安いウラまちへ，チェーン店はオモテまちなど地価の高い場所へ立地する傾向が明確にみられる（牛垣ほか2016）．

個人店は，店主の一存で取扱商品を決定でき，大企業が経営するチェーン店と比べてチャレンジングな商品やサービスを扱いやすいため，良くも悪くも個性的な商品を提供できる場合もある．6章の5で扱う東京の神楽坂ではフレンチレストランなど新たな飲食店が，6章の6で扱う秋葉原ではパソコンやアニメ関連商品，メイド喫茶などの店舗が，いずれもウラまちや雑居ビルから発祥し，今日ではまちを代表する人気店になっていたり，それらの業種・業態の店舗が集積するまちに発展している．

ウラまちに個性的で人気の店舗が集積すると，多くの消費者を引き付けるが，それらの人びとをターゲットとした同業の店舗や大企業のチェーン店も集積して地価が高騰するため，資本力が小さな個人店は出店するのが難しくなる．そうなると，次はウラまちの外れに個人商店が立地するように

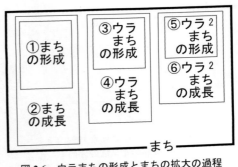

図2.6　ウラまちの形成とまちの拡大の過程

なる．それらが個性的で魅力的な店舗であれば，多くの消費者を引き付けるとともに多くの店舗も集積して地価が上昇するため，さらにそのウラまちに新しい店舗が立地するようになる（図2.6）．このようなまちの拡大のプロセスは，例えば東京の原宿や大阪のアメリカ村といった大規模な商業集積地においてみることができる．

アメリカの作家・ジャーナリストで，世界の都市論に大きな影響を与えたジェイコブズ（2010）も，都市における優れた多様性は，新旧さまざまな状態の建物が存在して小さな要素が高度に調和することや，街路が何本もあり歩行者が曲がる機会が頻繁にあること，それらのために大きなスーパーブロックの街区ではなく小規模な街区が存在することによってもたらされると指摘する．また個人店のような小規模な店舗が自然発生的に集積するまちは，総合量販店と比べて，時代の変化に対して柔軟に対応できるともいわれる（1章の3）．ウラまちに立地するような小規模な個人店は，都市生活に必要な多様性を生み出しそれを維持するうえでも重要な存在といえる．

日本の都市の中で異質な雰囲気を醸し出し，ユニークな商品を提供するエスニックタウンの発祥や形成にも，ウラまちや雑居ビルの存在が関わる．6章の4で扱う大久保は，江戸時代に下級武家屋敷であったことで敷地が細長い短冊状の形状であり，そこに路地が入り込んだために土地が細分化され，大規模開発が進まなかった．小規模な建物の中の小さな貸店舗だからこそ，資金力の乏しいニューカマーが店を開くことができたという（稲葉2008）．池袋のチャイナタウンも同様であり，池袋駅北口の雑居ビルが建ち並ぶ一帯に，同胞向けの食材やアルコール類，調味料を扱う店舗などが集積した（山下2010）．地価や賃料が安い場所は，お世辞にもきれいとはいえないものの，何とか日本で生活をしていこうと工夫を凝らすエスニックな個人店がひしめいている．

大企業によって合理的な経営が展開される

チェーン店は，商業近代化の産物といえる（5章の2）．これらは近代的都市計画によって主要道路として指定され，拡幅・整備された広幅員道路沿いに立地する傾向にある．それに対して，近代的都市計画による道路整備が施されず，そこから取り残されたウラまちのような場所で個人店が多く残る．ウラまちは，近代的都市計画と商業近代化が浸透しつくしていない空間であり（牛垣2022a），そのために個人店が多く残り，昔ながらの雰囲気を残すまち，昭和の面影を残すまちとして好まれている．

4. 構成要素の関係性からまちの構造を模式的にとらえる

地理学では，伝統的に「地域」を研究対象としてきたために，その学問的なとらえ方については長い議論がある．例えば地域の仕組みを「地域構造」とすると，木内（1968）はこれを「一地域を構成している諸要素（element）と諸因子（factors）の関係を扱うもの」とした．地域を構成する要素はさまざまであり，その複雑な関係性によって地域は成立している．地域の構成要素を網羅的に把握するだけでなく，要素と要素との関係性を踏まえて理解することは，より深く地域を理解することにつながる．

これは学校における地理学習でも当てはまる．中学校の地理における地誌学習では，日本全国を例えば東北や関東といった7つの地方に分けて学ぶが，かつてはいずれの地方も地形，気候，農業，工業…といった形で，同じ項目を一律に網羅的に学んだ．網羅的に扱うことで，全国各地を同じ指標でバランスよくとらえることができたが，授業や学習が暗記的な扱いとなってしまい，つまらないと感じさせてしまう場合が多く，地理嫌いの生徒を多数生んでしまった．その反省を踏まえて，平成20年告示の学習指導要領では，地誌学習の方法が，地域を構成する要素の中でも，地域内のほかの要素との結びつきが強い事象を中核に位置

18

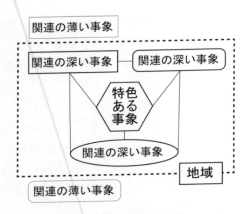

図 2.7 動態地誌的な地域のとらえ方
（2013 年日本地理学会春季学術大会シンポジウム「地誌学
と地誌教育(諸地域学習)」における濱野 清の資料による）

づけて，その中核的な要素とほかの要素との関係
性から地域の特徴を理解する，動態地誌ともいわ
れる方法に変わっており（図2.7），その考え方は
今日の学習でも重視されている．

　本書で主に扱う「まち」も，このような見方・
考え方でその特徴や構造をとらえることも時には
可能であり，例えば図6.1で示す神田の構造図は
それに当たる．また後述する図2.13と図2.14は，
東京の秋葉原と神楽坂を対象に，まちとしての個
性の形成過程や背景を示した構造図であり，変化
の要素を取り入れた模式図である．

　このように「まち」も構成要素の関係性からそ
の特徴や構造をとらえる見方・考え方もあり得る
が，図0.1で示したように，本書で扱うまちは，「地
域」よりもミクロなスケールに位置づけており，
その範囲は非常に狭い．そのような狭い範囲のま
ちを扱う場合，その内部だけで現象が成立するこ

とは現代ではほぼあり得ず，まちを構成する諸要
素やまちでみられる現象は，まちの外の要素や事
象との関わりにおいて成立する場合が多い．その
ため，まちというミクロスケールな空間の特徴を
把握するには，例えば3章の1や4章の1でみる
ように都市の中で位置づけるなど，まちをより上
位の空間の中に位置づけたり，5章でみるように
まちの外の要素や社会的動向との関係性からとら
え，まちとしての特徴や構造を把握することも必
要である．

5. 歩行者の通行量・導線や地価から　　まちの構造をとらえる

【歩行者通行量と導線】

　歩行者の通行量やその導線からまちの内部構造
をとらえる方法がある．例えば4章の3で取り上
げる図4.18からは，通行量とその変化からまち
の中心的な通りを把握し，中心地の移動をとらえ
ることができる．このように歩行者通行量からま
ちの導線を模式的に示したのが図2.8である．こ
こでは，店舗の分布やそれに伴う歩行者の流れが，
主に主要道路沿いに展開する①大動脈型タウン，
人の流れが街区内の路地にも入り込む②毛細血管
型タウン，路地の中に人通りの多い通りができて
循環的な導線が形成される③循環器型タウンの3
類型を示している．①よりは②，②よりは③の方
が大規模なまちである場合が多い．個々の店舗に
おいて売り上げの上昇を考える際には，商品や
サービスの質や値段といった点のみならず，店舗
の位置がまちの導線上（図2.8中の黒い部分）や

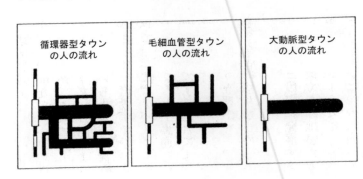

図 2.8 人の流れからみたまちの構造
（博報堂生活総合研究所 1985）

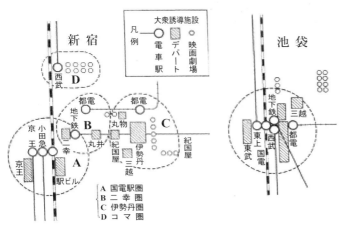

図 2.9　1960 年代の新宿と池袋における
大衆誘導施設の配置（松沢 1965b）

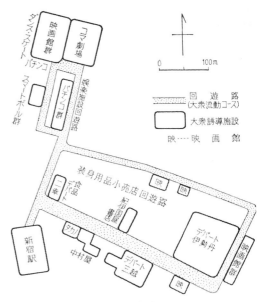

図 2.10　1960 年代の新宿における回遊路
（日本地誌研究所 1967）

その付近にあるか否か，といった点も重要な要素となる．

　歩行者を増やし導線を形成する際に大きく関わるのは，不特定多数の人びとがそこを起点として行き来する「大衆誘導施設」（松沢 1965）の存在である．鉄道駅や百貨店など大規模な施設がこれに該当する場合が多く，それらの間の空間は多くの人が行き来するため，そのまちの導線となる場合が多い．大衆誘導施設の位置やその利用者数の増減などは，人びとのまちの歩き方や導線上の通行量に関わり，当然それは店舗の売り上げにも影響する．まちの内部構造をとらえる上では，これらの歩行者通行量や導線，また大衆誘導施設の有無やその位置，利用者数といった点が重要となる．例えば，鉄道駅付近でペデストリアンデッキが整備されると，駅に向かう人の流れが大きく変わる可能性があり，店舗の集積傾向や売り上げ等の状況も変わることから，まちの内部構造に大きな影響をもたらす場合もある（5 章の 8）．

　1960 年代において，導線となる回遊路の形成に最も成功したのが新宿であり，これが上手くいかなかったのが池袋とされている（松沢 1965b，図 2.9）．当時の新宿には，大衆誘導施設となる現 JR 新宿駅，伊勢丹百貨店，コマ劇場が一定の間隔に立地し，その間を東西に通る大通りとして

新宿通りと靖国通りがあり，大衆誘導施設間を多くの人が行き来するため，回遊路が形成されている．当然，これらの大衆誘導施設のみでなく，この回遊路上に位置する店舗も歩行者が多いためにビジネスチャンスがある（図 2.10）．一方で当時の池袋は，主な買い物先であり大衆誘導施設となる西武（東口）や東武（西口）の百貨店が駅に隣接して立地するため，まちへ訪れる多くの人が駅付近から外へ出ることがなく，導線（回遊路）が形成されにくかった．加えて，線路で駅の東西が分断されているため，まちの連続性についても課題があった．この状況を打開したのが，戦後に戦争犯罪人の収容施設として設けられた巣鴨拘置所の跡地に建設された大規模複合ビル・サンシャイン 60 である．この建設によって新たな大衆誘導施設が駅の東側に立地することになり，駅から同施設に向かう通りが新たな導線となった．近年では，通称「乙女ロード」といわれる女性向けのアニメ関係店が立地するエリアがあり，これもこの導線上に位置する．

　図 2.11 は，千葉市にある稲毛せんげん通り商

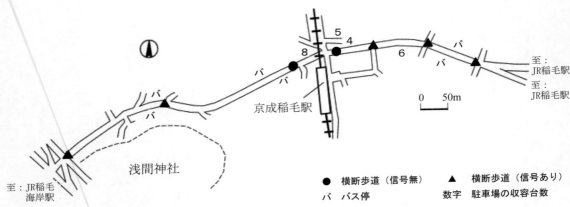

図 2.11　千葉市稲毛せんげん通り商店街の回遊性（磯部・牛垣 2021. 現地調査による）

店街の回遊性を示している．京成稲毛駅を挟んで東西に店舗が立地し，商店街を形成している．通りは片側 1 車線の道路で，道路幅は狭いがそれなりに自動車の通行量が多く，道路をまたぐ際に横断歩道のない所を通るのは危険である．その中で，横断歩道は，駅の東側には 3 か所存在するのに対して，西側は 1 か所のみである．加えて，駐車場は駅付近のほかに東側には 1 か所あるのに対して西側にはない．バスの停車場は商店街の中で一定の間隔で置かれているものの，横断歩道と駐車場の状況からは駅の西側で歩行者が回遊するのは難しい．理由はこれだけではないが，近年では駅の西側は活気を失い厳しい状況にある（磯部・牛垣 2021）．このように，鉄道駅，大衆誘導施設，バス停，横断歩道，駐車場などの位置関係から，歩行者の導線とまちの構造をとらえることができる．

【地価】

　以上のように，歩行者通行量はまちの内部の構造をとらえる上では有効な情報となるが，4 章の 3 でみるように，このデータを得るためには同時にいくつもの地点で調査をする必要があるため，個人的な研究でこれを実施するのは難しい．

　まちの中心性を把握するための別の資料として，地価（路線価）がある．地価は，土地の値段であり，土地に対する価値の総合値を意味する．基本的には多くの歩行者が通行する通りは経済的

価値が高いために地価が高く，歩行者が少ない通りでは地価は低い傾向にある．そのため 4 章の 3 でみるように，路線価よりまちの導線を推測し，まちの構造をとらえることもできる（図 4.15～17）．少なくとも店舗の立地は地価の影響を受ける．図 2.1 や図 2.2 のように，まちの内部でも業種・業態別の店舗の分布において空間的に一定のパターンがみられるのも，地価の影響が大きいと考えられる．

　地価は，さまざまな形でまちに影響を与える．主に 5 章の 2 でみるように，近年は大手チェーン店の進出により多くの商店街が似たような景観となりつつあるが，その中で多くの個人商店が残り，昭和の雰囲気を残した商店街として人気なのが，東京都江東区の砂町銀座商店街である．下町の住宅地の中にある商店街だが，最寄り駅の地下鉄東西線南砂町駅からはおよそ 1.3 km 離れており，都内の商店街の中では相対的に地価が安い．国税庁のホームページより閲覧できる 2021 年の路線価によると，砂町銀座商店街で最も高い地点の価格が 490（千円 / ㎡）であるのに対して，例えば同じ東西線の一駅分郊外に位置する西葛西駅周辺の路線価は最高値が 1,380（千円 / ㎡）である．砂町銀座商店街は，一定程度の居住人口を抱える地域ではあるものの，商店街としては地価が安いために，比較的資本力の小さな個人商店も生き残

ることができ，いわゆる昭和の雰囲気を残した商店街がみられる．

　まちを通る道路の形態が地価や店舗の維持・変化に影響を与える場合もある．戸所（1986）は，地方都市の中心商店街のタイプを，車道と歩道が分かれて広幅員道路に面する Main-Street（MS）型と，狭幅員の歩行者専用道路に面する Sub-Street（SS）型とに区分した．MS 型は，立地のための土地取得に際して銀行や証券会社などさまざまな用途と競合するために地価が高くなり，建物用途も混在するために商業機能としては不安定になるのに対して，SS 型は，商業機能に特化するために地価が低く，店舗も維持されやすいという．

　東京では，都市計画において広幅員道路で高い容積率（敷地面積に対する建築延べ面積の割合）が設定されるというが（大崎 1989），これはほかの都市でも一般的な傾向と考えられる．広幅員道路沿いは比較的大規模な建物が建設されるために経済的ポテンシャルが高い上に，銀行や証券会社といった資金力のある企業が土地争奪を起こすために地価が高騰し，ここに立地する店舗の経営を苦しめる．一方で SS 型は中心商店街であれば人通りは多く商業には適していても，容積率が比較的低く設定され，土地の競合の度合いもそれほどではなく地価が安定するため，商業経営も安定しやすい．資本主義社会であれば当然ではあるが，土地の動向は地価の影響を強く受けるため，地価はまちをみる際の重要な指標となる．

6．まちの形成・変化と歴史的視点
【まちに対する歴史的視点】

　まちに対する歴史的な視点には，①過去の特徴の残存（まちの特徴が残る），②歴史的影響（過去のまちがその後に影響する），③歴史的変化（まちの特徴が質的に大きく変わる）と主に 3 つの視点があると考えられる．

　①の過去の特徴の残存については，文字通り過去のまちの特徴が現在のまちに残っている，というとらえ方である．まちは時代とともに変化するが，過去から現在にかけて景観，土地利用，建物用途，店舗，経営者・居住者などのうち変わらずに残る部分もある．このようなまちが，歴史を感じるまち，いわゆる「昭和」の雰囲気を感じるまち，などと呼ばれたりする．店舗が変わらなくても扱う商品が変わる，経営者が加齢する，主な顧客が変わる，といった何らかの変化がある中で，変わらない部分が多いまちほど，昔ながらの雰囲気を残すまちとなる．一般的には，2 章の 3 でみたように，経済活動が盛んで地価も高いようなまちでは，変化が目まぐるしいため昔の要素が残りにくく，逆に経済活動が活発でなく地価も安いまちでは，土地争奪が弱いために，昔の要素は残りやすい．東京における人気のまちとして，6 章の 5 でみる神楽坂や，おばあちゃんの原宿として知られる巣鴨とげぬき地蔵商店街は，幹線道路から外れて道路の拡幅から逃れたことで，大規模な建物の建設といった開発行為が比較的起きにくく地価も相対的には安いことにより，昔ながらの雰囲気を残すことにつながっている（牛垣 2020b）．

　次に②歴史的影響については，例えば土地利用として低層な建物から中高層な建物へ建て替えられる，といった変化が生じるまちでも，過去の影響を受ける，といったとらえ方もこれに当てはまる．例えば 6 章の 5 で扱う神楽坂では，1990 年代から 2000 年代にかけて建物の中高層化が進んだが，元々料亭街であった街区では，その頃の密集市街地の影響を受けて，建築面積（建物 1 階部分の面積）が元の建物を踏襲して狭い場合が多い．建物に面する道路は路地で幅員が狭いため，建築基準法の規定によって容積率 500% をフルに使うことができない．これらにより，建て替えられた建物はそれほど高層ではなく 4 ～ 7 階程度の中層であり，それらの雑居ビルには面積が狭くてもビジネスになる飲食店が入居する場合が多い．一方で料亭街でなかった街区では，建築面積が大きく，

また8階以上の高層なビルが多く，その用途はオフィスやマンションとして利用される場合が多い（牛垣 2006，6章の5）．このように，現在の神楽坂では料亭がかなり減少し，まちのほとんどの店舗は別の業種・業態となったが，それでも料亭街であったことが今日のまちの景観や店舗の業種といった特徴に影響を与えている．

　現在は，過去からの時間的な連続の中にあり，1秒前は過去，ともいえ，著名な歴史地理学者は現在を「歴史的現在」と表現した（藤岡 1955，谷岡 1963）．現在は，当然過去の影響を受けて成り立っているため，上記のような過去の影響は，さまざまな形で受ける．まちが変わったとしても，過去のまちにおける何らかの要素の影響を受けながらの変化であれば，それはまちを一変させるドラスティックな変化ではなく，まちの「文脈」に沿った，まちの特徴を継承した変化といえる．一方，過去のまちの影響をほとんど受けず，かつそれが大規模な変化であれば，それはまちの文脈が途切れる，まちをドラスティックに変える大きな変化といえ，後述する③に当てはまる．なお地理学では，地域が形成される上で「歴史的慣性」や「地理的慣性」が働くともいわれる（戸所 1984）．この地域の「慣性」については，地域の基本構造を意味しており，手塚（1991）は，過去のある時代に成立した地域構造の“型”が，地域のその後の展開に大きく影響し，現在なお感じられること，と説明した．

　③の歴史的変化については，まちにとって大きな意味をもつ変化，というとらえ方である．先述の通り，まちは常に変化することがむしろ普通であるが，まちのそれまでの長い歴史の中でも，重要な影響をもたらす変化，まちの文脈が途切れるドラスティックな変化がこれに当たる．これを述べる場合は，どのような点でまちの歴史にとって大きな意味をもたらす変化なのかを説明することが求められる．例えば先述の神楽坂の事例であれば，料亭街の頃の狭い建物を踏襲した中低層の建

図 2.12　以前は料亭街であった場所に建設された神楽坂の高層マンション（2014年10月撮影）

物が多い中に，26階建ての高層マンションが建設された（図 2.12）．この建設に際して，地域住民等を中心とした建設反対運動が展開され，裁判にもなり，話題となった．この地域では元々の狭い建物を踏襲してきたために景観的にも機能的にもまちの性格が継承されてきたが，このマンションは廃業したいくつもの料亭の土地を買収して建設された建物であり，その建設は景観的にも機能的にもまちの特徴を一変させた歴史的変化といえる．

　なお，まちを歴史的な視点でとらえる際に，過去と現在の土地利用を把握することは，最初に行う基本的な作業である．今日では，埼玉大学の谷謙二氏（人文地理学研究室）が管理する時系列地形図閲覧サイト「今昔マップ on the web」などのおかげで，インターネット上で新旧地形図を並べて比較してみることも簡単となった．

【まちの個性の形成と変化】

　5章の2でみるように，日本では大都市の繁華街や地方のSC・ロードサイドなどには大手チェーン店が進出し，商業空間を均質化させつつあるが，その中でも魅力や個性を維持して消費者に人気のまちも存在する．例えば東京では，店員と客が商品を通じてコミュニケーションできるような，関与できるまちとして吉祥寺，下北沢，高円寺（三浦 2004）や，若者のまちやファッションタウン

表 2.1　裏まちの形成・変化のプロセス

生成期	ニッチ型のビジネスを展開する店舗の集積.
成長期	口コミ, 一部雑誌やマスコミ, SNS に掲載. 知る人と知るブランド化現象.
成熟期	マスコミに頻繁に登場, チェーン店や飲食店が出店. 通常の人びとが多数を占め, 賃貸料高騰.
衰退期	普通のどこにでもあるまち.

（佐藤 2003 を基に一部加筆して作成）

と呼ばれる原宿, 自由が丘などがあげられる. このようなまちは, どのような過程・背景で形成されるのであろうか.

今日人気となっているまちは, その都市を代表するような大規模な繁華街に近接し, その裏通りなどまち外れに, 滲み出すように形成された場合が多い. 例えば原宿に対する裏原宿（東京）, 心斎橋に対するアメリカ村（大阪）, 天神に対する大名地区（福岡）, 三宮センター街に対するトアウエスト（神戸）がこれに当たり, 佐藤（2003）はこれを「滲出型商業集積」と呼んだ. 新興の人気のまちが「うら●●」と呼ばれて注目を集めるのも, 基本的には同じ現象といえる.

このようなまちには, 人気のまちが形成され変化するまでに一定のパターンがある（表 2.1）. 生成期は, ニッチな商品を扱う店舗が集積する段階であり, 人通りの多い繁華街に近接するものの裏通りに当たるために地価が比較的安い場所に, 何らかの個別・固有の契機によりユニークな商品を扱う店舗が集積する段階である. 成長期は, これらのユニークな商品や店舗が口コミや一部の雑誌やマスコミ, 近年であれば SNS に掲載されることで, 知る人ぞ知るまちとなる段階である. その次の成熟期には, マスコミに頻繁に登場するようになるが, この段階になるとそのまちにビジネスチャンスがあることが広く知れ渡るため, 大手チェーン店も出店し, 人通りもさらに多くなるために地価が高騰する. 元々の店舗は個人店で資本力が低いために, よほど売り上げが大きくないと高騰した賃料に耐え切れずに撤退し, チェーン店に置き換わる場合も多い. こうなると衰退期に入

り, 国内外に広く展開するチェーン店ばかりとなり, ほかのまちとの差別化も図れなくなり, まちの個性は失われる. このような過程を, 佐藤は大阪のアメリカ村で説明したが, 東京の裏原宿や札幌の円山裏参道（小宮 2009）など多くのまちでみられる.

もちろん, まちの個性の形成やその維持に対しては, そのほかの要素が関わる場合もある. 例えばかつての原宿では, 商店街連合会のメンバーの間で, 何がまちにふさわしくないか, といった解釈コードが共有されていたことや, メンバーの中に不動産会社社長がいたことで, まちにふさわしくないと判断した店舗は出店させなかったという（大村 2004）. また東京の渋谷・青山・原宿の裏路地にクリエイティブなスタイルを生産・販売する店舗が集積したのは, 主に文化服装学院や, そのほかのファッションデザイン・美容関連の専門学校出身者によるネットワークが大きく作用したという（三田 2006, 矢部 2012）.

個性的で魅力的なまちは, 大手チェーン店が進出してその個性や魅力を失ってしまうケースのみではなく, 個性や魅力を維持する事例も報告されている. 例えば, ニッチだが個性的なファッションが人気となると, それを多くの人が真似るために, いずれはポピュラーなファッションになってしまう. これを避けるために裏原宿では, 他者のファッションとの差別化が図れなくなる前に, ファッションに対するポリシーは残しつつも絶えずファッションスタイルを更新し, あえてそれについてくることができない消費者を選別する店舗があったという. これにより裏原宿では, 大企業

が提供するポピュラーな消費文化からは独立した消費下位文化を維持したという（三田2007）．

【まちの個性の形成や変化を模式的にとらえる】

前項では，個性や魅力を有するまちの形成や変化の過程・背景の一般的な傾向や学説を紹介したが，実際には個別のまちの形成・変容の過程や背景はそれぞれ異なり，さまざまな要素が関わる．多くの要素が複雑に関係し合う場合ほど現象は複雑になるため，その要素間の関係性を示す模式図や構造図を作成すると，現象を理解しやすくなる．

例えば，図2.13と図2.14は，著者が主なフィールドとしてきた東京の秋葉原と神楽坂におけるまちの個性の形成・変容の過程を模式化したものである（牛垣2014）．これをみると，全く性格が異なるようにみえる秋葉原と神楽坂にも，形成や変化の過程や背景には共通する点もみられる．

まず共通点としてあげられるのは，地価の安い裏通りとそこに立地するテナント賃料の安い雑居ビルの存在というまちの条件である．これにより，秋葉原ではラジオ部品店，パソコン関係店，アニメ・ゲーム関係店，メイド喫茶などが，神楽坂で

はフレンチ・イタリアン等を含めたさまざまなタイプの飲食店がそこから発祥・集積した．チャレンジングな商品やサービスを提供することで繁盛を狙う新たな店舗は，資本規模が小さな個人レベルの店舗である場合が多く，それらはテナント賃料が安い雑居ビルへ，それも人目につきやすく比較的賃料の高い1階ではなく2階以上へ入居する場合が多い．このように新たなまちの消費文化は，裏通りや雑居ビルから生まれることが多い．

また，まちの特徴が変化する際には，周辺地域の地理的性格が関わる点も共通する．秋葉原の場合，戦後にラジオ部品店が集まったのは，これを組み立てた神田の東京電機大学や出荷の際に使う秋葉原貨物駅の存在が影響したと考えられる（牛垣2013）．神楽坂の場合，戦前に料亭街が形成したのは，周辺の軍事施設や大学の存在が影響したと考えられる．また1990年代にフレンチやイタリアン等の店舗が立地したのは，フランス公式の交流施設であるアンスティチュ・フランセ（旧日仏学院）やフランス人学校があったこと，さらにそれらフランス系の施設が立地した背景としては，1921（大正10）年にフランス系の法律学校

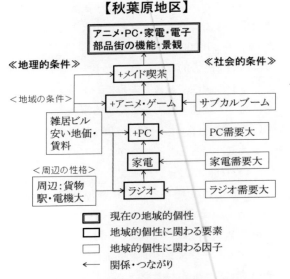

図2.13 秋葉原における個性の形成の過程と背景
（牛垣2014に加筆）

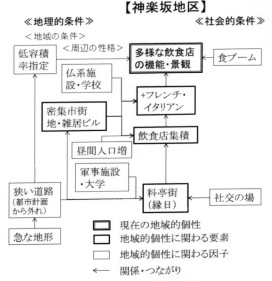

図2.14 神楽坂における個性の形成の過程と背景
（牛垣2014に加筆）

から始まった法政大学が千代田区富士見町に現在の市ヶ谷キャンパスを開設したことにより，フランス系の人びとが以前から多く住んでいたことが関係したとも考えられる．このように，いずれのまちでも新たに大きな変化をみせる際には周辺地域の影響を受けている．その新たに形成された地理的特徴が，その時代のニーズやブームにマッチした場合に注目が集まり，店舗の集積が進むこととなる．

　一方で，まちの個性や魅力が形成される背景には，まち固有の条件が関わる場合もある．上記の秋葉原における貨物駅や東京電機大学の存在，神楽坂における軍事施設，大学，フランス関連施設の存在は，まちの周辺施設との関係性という「見方」においては共通する点ではあるが，それらがまちの周辺に存在した，ということは個別の事情といえる．加えて神楽坂の場合は，ここを通る早稲田通り（神楽坂通り）が，坂の勾配が急で路面電車を通すのが困難であったために，明治期の都市計画である市区改正事業の際に幹線道路には指定されなかった．それにより江戸時代以来の狭い道路幅を踏襲したため，戦前の早い時期から歩行者専用道路とし，夜の縁日は東京随一ともいわれるほどに賑わい，これが料亭街の形成・発展にも寄与した．このように神楽坂の場合は，地形という固有の地理的条件が，まちの個性や魅力の形成に大きく関わったと考えられる（牛垣 2014，牛垣 2020b）．

　このように，まちの個性や魅力は，まち固有の条件と，さまざまなまちに共通する条件の両者が絡み合って形成されるのである．

3章　まちの中心性をとらえる

1. 中心地理論からまちの規模と特徴を把握する

【中心地理論とは】

　まちの主要な構成要素である店舗の集積量の違いは，どのような理由によってもたらされるであろうか．店舗が多く集まるまちほど大きなまちとなって繁華街などと表現され，それが少ないまちでは小規模なまちとなる．この違いをもたらす理由はさまざまな側面が考えられるが，地理学における主要な理論の一つである中心地理論もこれに関係する．

　図 3.1 と表 3.1 は，ドイツ人地理学者のクリスタラーによって示された中心地理論に関するものである．図 3.1 中の円で描かれたものが中心地であり，円の大小はその規模の違いを示している．円の周りの六角形は，中心地が影響を及ぼす地域の範囲を示しており，表 2.1 中の「地域」に対応し，日常的には商圏という用語で理解されている．

　まず中心地とは，周辺地域へ財やサービスを供給する場所であり，これは商品やサービスを供給する都市やまちに該当する．中心地理論は，中心地の数，規模，位置についての法則を示すものであり，規模の違いは店舗の数，地域（商圏）の面積や供給される財の種類の数の違いに表れる．大規模な中心地は上位，小規模な中心地は下位の中心地として，階層性の概念をもつ．上位階層に位置する中心地ほど大規模な円で描かれ，広い六角形の地域（商圏）が広がっている．

　この中心地理論が成立するには，資源，人口，富の分布，自然条件が均一という前提条件が必要となる．資源が豊富な場所では産業が活発となり，人口や富の分布にも影響する．人口や富の分布が異なれば，中心地の数や規模にも影響を与えかねない．自然条件についても，人が多く住まない海上や山地に中心地ができることは考えにくい．これらの前提条件を満たした場合において，中心地は図 3.1 のように立地し，その数や規模等は表 3.1 のようになるという．

　図 3.1 をみると，同規模の中心地は一定の間隔で立地している．中心地の位置はなぜこのような配置になるのであろうか．最小のMの中心地からみていくとわかりやすい．最初に，Mを囲む最小の六角形の地域を想定し，この中で中心地を置く場合，地域の中で人口は均等に分布するため，その人びとの移動距離の総和が最小になる地域の真ん中に中心地がおかれる．最小の地域が7つ集まると人口も7倍になり，一段階上位の中心地（この場合はA）が必要となり，これも7つ集まった地域の真ん中におかれる．この際，ふたつのA中心地の商圏に属する地域が表れるが，2つの中心

表 3.1　中心地理論によって推計される各中心地の特徴

型	中心地点の数	地域の数	地域の半径（km）	地域の面積（qkm）	供給される財の種類の数	中心地点の典型的な人口数	地域の典型的な人口数
M	486	729	4	44	40	1,000	3,500
A	162	243	6.9	133	90	2,000	11,000
K	54	81	12	400	180	4,000	35,000
B	18	27	20.7	1,200	330	10,000	100,000
G	6	9	36	3,600	600	30,000	350,000
P	2	3	62.1	10,800	1,000	100,000	1,000,000
L	1	1	108	32,400	2,000	500,000	3,500,000
総計	729						

（クリスタラー 1979）

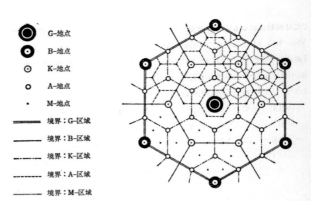

- ◉ G-地点
- ◉ B-地点
- ⊙ K-地点
- ○ A-地点
- ・ M-地点
- ──── 境界：G-区域
- ─── 境界：B-区域
- ─·─ 境界：K-区域
- ─··─ 境界：A-区域
- ······· 境界：M-区域

図 3.1　中心地理論で示された中心地の位置・数・規模（クリスタラー 1979）

地の店舗や業種の数はほぼ同じであるため，ふたつのA中心地の真ん中で境界線が引かれる形で地域（商圏）が設定される．このような作業を繰り返すと，図3.1のような中心地の配置になるのである．

　当然，現実の地表面は人口・富・資源・自然環境のいずれも均一であることはあり得ないため，中心地の立地もこの通りにはならない．現に日本の都市の分布をみても，東京・名古屋・京都・大阪・神戸・広島・福岡に至る，いわゆる太平洋ベルトと呼ばれる地帯に大都市が立地しており，国土全体をみた場合にその分布は偏っている．それでも，中心地理論は都市やまちの立地をとらえる際の重要な考え方を提供するものとして，現在も地理学や関連学問の間で重要視されている．

【東京の中心地体系】

　中心地理論は，国土における都市の位置等を説明する際に使われるが，ひとつの都市の内部における中心地（まち）の位置や規模等を説明する際にも使うことができる．図3.2は，服部（1965）において実施された大規模アンケート調査の結果として示された東京区部の中心地の位置と規模である．赤坂や虎ノ門の辺りから銀座，日本橋にかけての一帯をCivic Center＝中心商業地として第1位階層に位置づけている．第2位階層には渋谷，新宿，池袋，上野，浅草が示されており，これらの多くは郊外へ伸びる私鉄のターミナルがあったまちである．第3位階層には，山手線沿線の大塚，五反田，鶯谷，その内側では神楽坂，四谷，三田など，郊外では総武線，中央線，京浜東北線沿線の駅や，複数の私鉄が交差する三軒茶屋，大井町，蒲田，亀戸などの結節駅などが該当する．それ以下の第4位，第5位階層の中心地の多くは地名が記されていないが，これらは店舗の集積や商圏が小規模なまちであり，主に徒歩や自転車で移動可能な範囲を商圏とする．

　図3.2に示された東京の中心地体系は，鉄道交通網の影響を強く受けていることが読み取れる．

図3.2　半世紀ほど前の東京区部の中心地の規模と位置（服部 1965）

第1位階層として位置づけられたCivic Center，すなわち江戸時代からの商業中心である日本橋や，明治以降に欧米列強からの視線を強く意識した「外国への窓」（吉見 1987）として国策により整備された銀座などの中心商業地は東京駅に近接する．第2位階層は私鉄のターミナルとして，その沿線住民を商圏として獲得することで発達し，第3位階層の多くの中心地も，複数の鉄道路線の結節点となる駅などでみられる．例えば三軒茶屋は東急田園都市線と世田谷線，大井町は東急大井町線と京浜東北線の結節駅にあたる．山手線の以西に分布する第4位，第5位階層の中心地は直線状に分布しており，郊外へ伸びる私鉄沿線に位置することがわかる．

　このような東京区部における中心地の立地に対して，クリスタラーなどが提唱した中心地理論の法則性が適用できるかを考察した研究もある（服部 1965）．図3.3は中心地の影響圏（商圏）として六角形の地域を当てはめた図である．六角形と中心地の位置がズレてはいるものの，第2位階

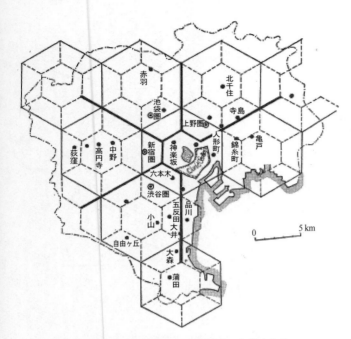

図 3.3　半世紀ほど前の東京区部の上位中心地の位置と商圏（服部 1965）

層（図 3.2）の中心地の影響圏（商圏）の中にそれぞれ第 3 位以下の中心地が配置されており，中心地理論で示された階層構造がみられる．第 2 位階層の渋谷，新宿，池袋，上野の位置については，中心地理論の通りであれば太線で囲まれた影響圏の中心に立地するはずだが，それよりはかなり Civic Center（都心）寄りに位置している．これもこれらの中心地がいずれも郊外鉄道のターミナル駅として位置づけられ，その沿線に広い後背地を有する（図 3.4）という特徴が関係すると考えられる．この研究では，東京区部の中心地の立地をとらえる上で，中心地理論が適応できると指摘している．

【鉄道各社の相互直通運転と上位中心地で進行する再開発】

　図 3.4 は郊外鉄道のターミナル駅を有するまちの商圏を示しており，これらのまちが後背地となる沿線を商圏として成立していることがわかる．東急線，小田急線，京王線，西武線，京成線といった私鉄路線のターミナル駅があったまちは，交通

条件によってほぼ自動的に沿線住民を商圏として取り込むことができた．しかし JR や私鉄，都内の地下鉄などとの間の相互直通運転が進んだ今日では，必ずしもこれらのターミナル駅で乗り換えをせずに異なる路線に乗車できるようになった．比較的近年の例として，2013 年には副都心線が開通し，東急東横線や西武池袋線，東武東上線といった路線との直通運転が開始された．これにより，例えば東急東横線沿線の住民は，買い物の際に渋谷を使わなくても，金額で数百円，時間で数分をプラスで費やすことにより，新宿や池袋にも乗り換えをせずに訪れることができるようになった．

　先述の通り東京区部の中心地の階層構造は鉄道交通網の影響を強く受けたが，相互直通運転が進んだ今日においては，個々のまちに魅力がなければ消費者を引き付けることができない．渋谷でも百年の一度ともいわれる大規模再開発が続くな

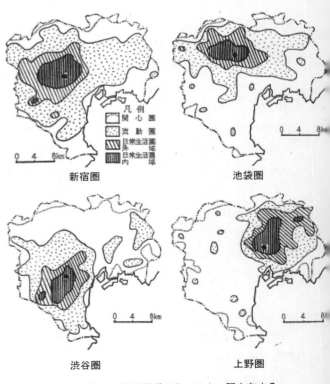

図 3.4　郊外鉄道のターミナル駅を有するまちの商圏（服部 1965．アンケートによる）

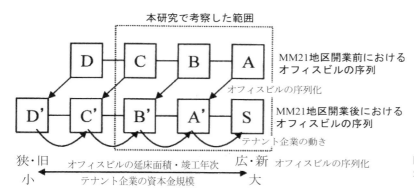

本研究で考察した範囲

MM21地区開業前における
オフィスビルの序列

オフィスビルの序列化

MM21地区開業後における
オフィスビルの序列

テナント企業の動き

狭・旧　　　　　　　　　　　　　　広・新　オフィスビルの序列化
小　　　オフィスビルの延床面積・竣工年次　大
　　　　テナント企業の資本金規模

図3.5　みなとみらい21における
オフィスビルの建設とオフィス移転の
プロセス（佐藤2007により）

ど，中心地間競争が激化しているが，その開発手法は大規模な建物を建設するといったハード面での開発が多い．少子高齢化と人口減少に加えて，新型コロナウイルス感染症拡大への対応として郊外や地方への移住や就業が徐々に進むなど，東京区部の居住人口や流入人口は減少に向かう可能性もある．そのような時代に東京のオフィス・居住・商業空間を急激に増やすことは，それら条件のよい新築の建物へ，事業所・居住者・店舗が玉突き現象のように移動し，最終的には都内の中小規模の建物や地方で空室が多数発生することが懸念される（小長谷2005）．実際，横浜のみなとみらい21では，機能性に優れた新築のオフィスビルSが建設されたことにより，それ以前は最も優良で

あったオフィスビルAに入居していたオフィスがSへ移り，次にBに入居していたオフィスがAへ移る，といった玉突き移転が生じたという（図3.5，佐藤2007）．

【社会階層の不均等と中心地への影響】

人口や富の分布が均一ということが前提とされる中心地理論ではあるが，地域居住者の所得の違いに伴う中心地の階層構造の変化についても研究がなされた．図3.6はデービスが示した図の一部であり，低所得地域では買い物先となる中心地への距離が近く，ほかの階層と比べるとその数は増えているが，所得が低いことや商圏人口が分散する影響で，中心性は低下している．一方，中所得地域の中心地は，中間層を対象として広く都市全域から消費者を集めるため，中心性を高めている（根田1999b）．

東京はいわゆる山の手や下町の二重構造ともいわれるように，富の分布も均一ではない．図3.7は国勢調査における職業大分類を基に示したホワイトカラー層の分布だが，それは山の手の住宅地が広がる西側一帯にみられる．一方，同資料よりブルーカラー層の分布をみると，おおよそ図3.7で40％未満とされる空白地帯に広がっている（牛垣2020a）．

このような居住者属性の違いは，まちの特徴にも影響を与える．例えば沿線に高級住宅街が広がる東急東横線の自由が丘駅周辺では，その沿線住民を主な顧客として取り込むために，おしゃれな

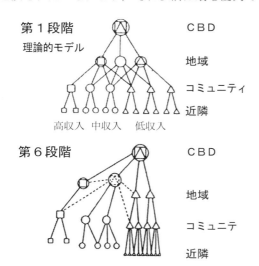

第1段階
理論的モデル
　　　　　　　　　　CBD
　　　　　　　　　　地域
　　　　　　　　　　コミュニティ
　　　　　　　　　　近隣
高収入　中収入　低収入

第6段階
　　　　　　　　　　CBD
　　　　　　　　　　地域
　　　　　　　　　　コミュニテ
　　　　　　　　　　近隣

図3.6　居住環境の違いによる中心地の階層構造の変化
（根田1999bより一部を抜粋．原典はDavies 1976）

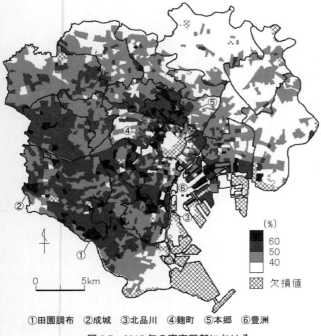

図3.7　2015年の東京区部における
ホワイトカラー層の居住者割合
（牛垣2020aに一部加筆．国勢調査による）

①田園調布　②成城　③北品川　④麹町　⑤本郷　⑥豊洲

飲食店や服飾系の店舗が多く集まるのに対して，ホワイトカラー層の居住者割合が低い地帯が広がる葛飾区の立石駅周辺では，大衆的な酒場が数多く立地し，地域住民の憩いの場となっている．なお，この立石の大衆酒場が集まる一帯は大規模な再開発が予定されており，数年後にはまちの特徴は一変すると考えられる（4章の4）．

当然，このような富の分布の違いが，東京における中心地の階層構造の違いに反映される可能性もある．図3.8は，路線価を基に東京都の中心地の階層構造を示したものだが，第1位階層とされる銀座を中心商業地とすると，東京の上位中心地の分布は顕著に西側に偏っている．上野・池袋・新宿・渋谷と大きな中心地を連ねる山手線の内側を都心としても，山手線以東よりも以西の方が，立川，蒲田，自由が丘，中野，吉祥寺など，上位階層の中心地が存在する．当然，所得の違いだけでなく，居住者の数や属性の違いが，その中心地となるまちの特徴に反映される．特に，図3.2で

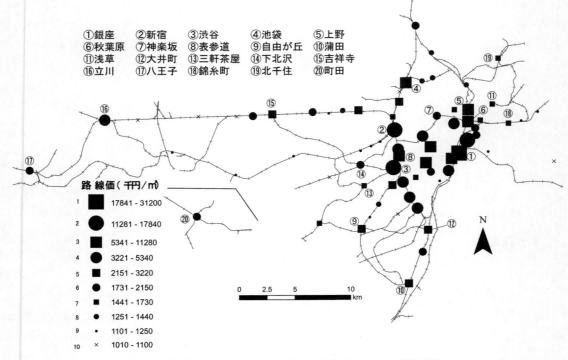

図3.8　路線価からみた2009年における東京都の中心地の階層構造
（牛垣2011に一部加筆．路線価図による）

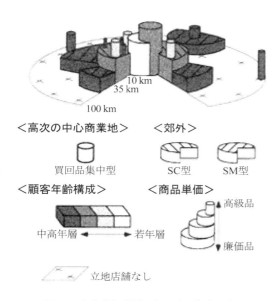

10 km
35 km
100 km

<高次の中心商業地>　　<郊外>

買回品集中型　　　SC型　　SM型

<顧客年齢構成>　　<商品単価>

高級品

中高年層　　　　若年層

廉価品

立地店舗なし

図3.9　東京大都市圏における百貨店の立地と
店舗特性の模式図（岩間2001）

いえば第3位階層以下の中心地は商圏が狭いため，主な顧客となる周辺地域の居住者属性が，まちの性格に大きく反映する．中・小規模のまちを歩く際には，その地域に住んでいる人びとの特徴を考えながら歩くのも面白い．

【立地による百貨店の特徴の違い】

　図3.9は，東京大都市圏における百貨店の立地と店舗特性の模式図である．2000年頃までは，東京大都市圏では人口増加に伴い百貨店も都心のみならず郊外にも立地した．郊外において人口やオフィス，また買回り品を供給する店舗が立地することで，都心に代わり郊外が都市の「核」としての機能を有するか否か，といったことが議論されたが，この図では都心に近いほど高級品を取り扱い，郊外ほど低価格品を扱うといった傾向が示されている．同じ百貨店でも取扱商品は異なり，一緒くたにはできないことがわかる．高級品は高次な買回り品であり，購買頻度は低いがそれを扱う店舗の商圏は広がるため，交通アクセスのよい大都市の都心部に立地する．一方で郊外は都心とは違ってその範囲が広く，郊外の百貨店は都市全体というよりは近くの郊外に住む住民を主な顧客

として想定するため，商圏は狭く，廉価品を扱う傾向にある．百貨店を取り巻く状況は厳しく（5章の1），近年では閉店する郊外店も多い．このような都心と郊外における百貨店の違いについても，中心地理論における階層性や商圏の考え方で説明できる．

2. まちの順位・規模法則

　地理学などで用いられる法則の中に，都市の順位・規模法則（ランク・サイズルール）がある．これは，人口数を基に都市の順位を並べると，順位が下がると人口数も少なくなるが，順位と人口数の低下には一定のパターンがみられるとする法則である．一般的には，第2位の都市は第1位の都市の半数，第3位の都市は3分の1と考えられているが，この差が小さいパターンをポリーナリィパターン，この差が大きなパターンをプライメートパターンという．高等学校までの地理の学習においても，発展途上国の首都（第1位の都市）は，経済・政治などさまざまな機能と人口が集まるプライメートシティであることを学ぶが，これもこの法則の考え方が基にある．

　この概念を基に，京都市におけるまち（中心地）の階層構造を示したのが図3.10である．この図は1979年の論文に掲載されたものでやや古いが，当時の京都市は，第1位階層のまちの機能単位数は4,000弱，第2位階層のそれは700程度であり，第1位のまちが突出するプライメートパターンを示している．この第1位のまちは四条・河原町・祇園のエリアであり，今日にかけて京都市の商業や観光における中心地としての地位を維持している．この概念により，まちの規模を相対的にとらえることができる．なおJR京都駅周辺は，図3.10においては第2位の階層に当たるBのグループに属し，第1階層のまちとの機能数の差も大きいが，1990年代以降は，京都駅自体が大規模に再開発され，伊勢丹百貨店も開業した．その周辺でも地下街が整備されるなど商業集積が進み，京都市内

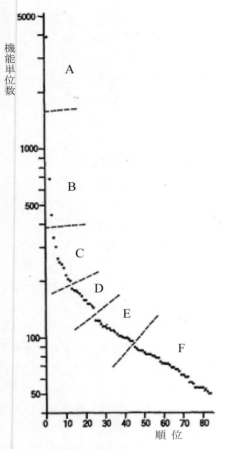

図 3.10 機能数と順位からみた京都市における
中心地の階層構造
(西村 1979. 京都市細密地図による)

図 3.11 茨城県北部における買物客の吸収・流出率
(小野澤ほか 2012. 茨城県生活行動圏調査報告書による)

の第2位のまちとして成長している．ただし京都においては依然として伝統を有する四条・河原町が中心商業地として強い力を維持している．このように，高等学校までの地理学習では，主に発展途上国の都市を理解する際に学ぶプライメートシティの概念からも，まちの特徴を理解することができる．

3. 中心性の測り方・表し方

　まちの中心性を測ったり表したりする方法は，いくつかある．例えば図3.2や図3.4は，商品ごとに買い物先やその頻度を問う大規模なアンケート調査を行い，それを集計した結果が示されている．数千人や数万人を対象とする大規模なアン

ケート調査は，個人の研究で行うのは簡単ではない．多くの場合，都道府県や市区町村といった自治体において消費者購買行動調査（商圏調査など名称はそれぞれ）を行い公表している場合も多い．図3.11は茨城県における調査結果を基に，茨城県北部における買物客の吸収・流出状況から，各市区町村の中心性を示している．この図より，水戸市が広範囲で買物客を吸引し，その周辺市町村は水戸市へ流出していること，北部では日立市や常陸大宮市が水戸市に準ずる中心地として近隣の自治体から買物客を吸収していることがわかる．

　まちの中心性を読み取るための別の方法として，前掲の図3.10は，今日では住宅地図と呼ばれる明細図から業種別に店舗数を把握して機能数の規模を算出している．ただし，大都市を対象に，住宅地図を用いて店舗の業種や数を把握する

表 3.2　東京都の中心地の階層ごとに特化する店舗の業種

機能階次　　　　　　　特化係数	SH 階次 (32 種類)	H 階次 (28 種類)	U 階次 (11 種類)	M 階次 (9 種類)	L 階次 (45 種類)
2.5 以上	帽子, バー, クラブ	証券業			都道府県事務所
2-2.49	映画館 コンピュータ用品 ホテル, 食器 チケット売買 かばん 宝石・貴金属 衣料品（制服等）	労働金庫 日焼けサロン			ホームセンター 博物館・科学館 自動車販売
1.75-1.99	ベビー用品, 紳士服 ビジネスホテル 旅行業, 貸金業 洋服	予備校 インターネットカフェ 専修学校, 子供服	経理・簿記学校		タイヤ販売, 図書館 ガソリンスタンド オートバイ販売 ピザハウス, 郵便局
1.5-1.74	衣料品, ホビー 職業安定所 絵具・絵画材料 スポーツショップ	ビジネススクール エステティック CD・ビデオ 駐車場, 紳士洋品 ネイルサロン ステーキハウス	ジーンズショップ		牛乳, 中古販売, 豆腐 コインランドリー 自転車店, 銭湯 燃料, クリーニング 食肉, 自動車部品用品 青果物, スーパーストア 鮮魚, 新聞, 酒
1.25-1.49	デパート, てんぷら 割ぽう・料亭 レストラン, 靴 保険, カレー カフェ 洋服（注文） 甘味所, 呉服	コンピュータ学校 マッサージ すし店（回転寿司） 乾物店 公民館・集会所 楽器, 美術館, かさ フランス料理 イタリア料理, 婦人服 ラーメン, スナック カラオケボックス	スポーツクラブ 結婚式場, 質屋 はり・きゅう 外国語スクール 美術学校, 金物屋 携帯サービス ブティック	パチンコ 塾・進学教室 レンタルビデオ 駐輪場 ゲームソフト 総（惣）菜, 牛丼 ディスカウント 信用金庫	電気, 米, 理容, 園芸 ファミリーレストラン パン, ペットショップ 信用金庫, 菓子 コンビニエンス店 食品品, 洋菓子, 薬局 生花, 寝具 文房・事務用品 うどん・そば, ガラス 茶, 市区町村機関

（高阪 2011．NTT タウンページデータサービスによる）

のは，かなり広範囲に及ぶために手間のかかる作業であり，個人研究としては難しい．ただし近年では，デジタルデータを用いることにより，かつては困難であった大規模データを分析できる場合も多い．高阪（2011）は，NTT タウンページのデータを用いて，現代の東京都の中心地体系を分析した（表 3.2）．そこでは，店舗の集積量から 5 つの階層を示している．また，中心地の階層ごとに特化する店舗の業種を示しており，例えば最高次の SH 階層では，帽子，バー・クラブや映画館，コンピュータ用品，ホテル，かばん，宝石・貴金属，衣料品（制服等）の店舗が集積することを示した．階層の制約を受けて立地する業種が 125 種存在するのに対し，階層に制約を受けない，言い換えればいずれの階層の中心地にも存在する業種が 39 種存在し，それらが各階層で 40%を占める

という．どの階層にも存在する業種は，不動産取引，居酒屋，美容，歯科，喫茶，すし，中華料理，焼鳥，化粧品販売，焼肉，医院・診療所，書店，めがね，ファストフード，菓子（和菓子），銀行，英語スクール，持ち帰り弁当，コーヒー専門，日用雑貨，とんかつ，印鑑・印章，洋品，時計，薬店，食堂，写真現像・焼付け，たばこ，写真館，婦人洋品，家具，カメラ，レンタカー，おもちゃ，ゲームセンター，くだもの，手芸，カラオケ喫茶，洋服店（学生服）であり，これらはどのまちにも目にする業種といえる．

　また別の方法として，前掲の図 3.8 では，東京都内の 71 のまちを対象に，国税庁の路線価図からそれぞれの最高地点の値を把握し，その値をまちの中心性としてとらえている．

　鉄道駅ごとの乗車数・乗降客数からまちの中心

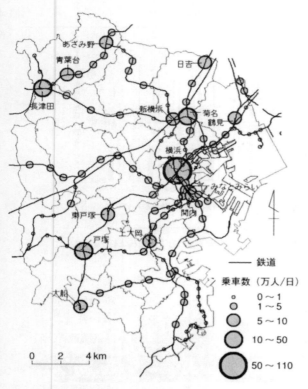

図 3.12　横浜市内における駅別 1 日当たり乗車人員数
（2004 年，佐野 2009．横浜市の資料による）

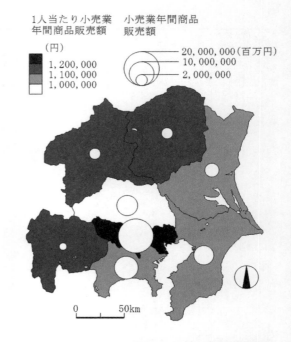

**図 3.13　首都圏における都県別小売業年間商品販売額と
その人口 1 人当たりの値**
（2016 年．経済センサスと国勢調査人口推計による）

性をとらえる方法もある．図 3.12 は横浜市内の駅別 1 日当たり乗車人員数である．駅ごとに電車に乗車した人の数を円の大きさで表している．最も円が大きいのは，神奈川県内で最大の乗降客数を誇る横浜駅であり，この付近の関内駅やみなとみらい駅も大きく，これらが横浜の都心部として位置づけられる．そのほかでは，菊名や長津田，戸塚など，複数の鉄道路線が交差する結節点となる駅で大きく，いずれも横浜という都市の郊外核として位置づけられる．駅別の乗車数や乗降客数は，直接的に商業の中心性を示すわけではないが，人の行き来が激しい駅を意味しており，そのような駅周辺のまちにおいて商業が活発になる場合も多いため，中心性を表すための有効な指標といえる．

　図 3.13 は，首都圏における都県別の小売業年間商品販売額と，その人口 1 人当たりの額を示している．小売業年間商品販売額は，東京都が最も

大きく，神奈川県がそれに次いでいる．人は生きていく上では商品を購入する必要があるため，この指標は人口規模にある程度比例する傾向にある．一方，その人口 1 人当たりの額は，人口数に対して小売業が盛んか否かを示す指標である．これも東京都が突出して高いものの，東京都に隣接する埼玉県・千葉県・神奈川県は低い値を示している．これらの県は，東京都への通勤者が多く，日常的な行動で関わりが強いこともあり，買い回り品を中心に東京都内で消費する機会が多いため，ひとり当たりの額になると低い値を示すと考えられる．そのため，小売販売額としては低い値である群馬県・栃木県・山梨県の方が，買い物で東京都へ流出することが少ないため，人口あたりの値は高い．人口あたりの小売販売額という指標も，比較的簡単に地域の中心性を把握する方法のひとつといえる．

4章　都市内部構造の中でまちをとらえる

1. 大都市の内部構造のとらえ方

【都市内部の同心円地帯モデル】

　まちの多くは都市の内部に位置しており，個々の店舗やそれが集積したまちの特徴は都市の内部構造の影響を受ける.

　都市の内部は一様ではなく，例えばバージェスの同心円地帯モデルでは，物理的・機能的な中心として都心部（CBD=Central Business District）があり，その外側に向かって都市居住者の社会層が空間的に分化することによって，結果として同心円状の地帯構造が形成されることを示している. アメリカのシカゴを事例に1925年に発表されたモデルで，CBDの周辺には工場地帯が形成され，その外側には工場に近接することや大気の状態も悪いことから，所得階層の低い工場労働者が居住する地帯が形成される. 工場からは一定程度離れた第4地帯には富裕層が居住する住宅地帯が形成され，CBDから最も離れて長い通勤時間を要する第5地帯には通勤者の住宅地帯が形成される（図4.1）. 100年前のアメリカ・シカゴを模式化した図であるため，今日では当てはまらない部分もあるが，例えば都心部からそれほど離れていない郊外に田園調布や成城学園といった高級住宅街

が存在する点など，現在の大都市内部の構造にも当てはまる部分も多い.

【都市内部の扇形モデルと多核心モデル】

　バージェスが社会層は同心円状に分化することを示したのに対して，ホイトはCBDから放射状に伸びる幹線道路や鉄道などの影響により，社会層は扇状（セクター）に分化するという扇形モデルを提唱した（図4.2）. 東京では，例えば東急東横線の沿線には田園調布や自由が丘といった高級住宅街が形成されるなど，社会層の分布が都市郊外へ伸びる私鉄の影響を受けているのも，このモデルに当てはまる.

　もうひとつ，高校までの地理教育でも扱う有名な都市内部構造のモデルとして，ハリス＆アルマンの多核心モデルがある（図4.2）. これは大都市ほど，人間活動の核心としての都心は複数存在するというモデルである.

　バージェス，ホイト，ハリス＆アルマンのモデルはそれぞれ異なるが，いずれかが正しい，間違っている，ということではなく，実際の都市の内部構造は，これらの考え方が合わさった形で表れている.

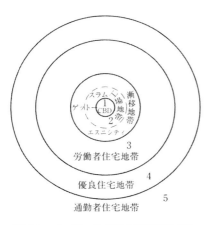

図4.1　バージェスの同心円地帯モデル
（堤 2007. 原典は Hornby and Jones 1991）

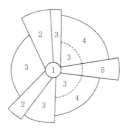

扇形モデル

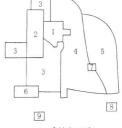

多核心モデル

1. 中心業務地区（CBD）　　6. 重工業
2. 卸売・軽工業　　　　　 7. 周辺業務地区
3. 低所得者住宅地区　　　 8. 郊外住宅地区
4. 中産階級住宅地区　　　 9. 郊外工業地区
5. 高所得者住宅地区　　　10. 通勤者居住地帯

図4.2　ホイトの扇形モデルとハリス＆アルマンの多核心モデル（富田 2010. 原典は伊藤 2000）

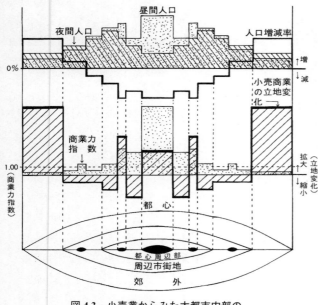

**図 4.3　小売業からみた大都市内部の
地帯構造の模式図**（戸所 1991）

【小売業からみた都市内部モデル】

　都市の同心円理論を念頭に置きつつ，小売業か
らみた大都市内部の地帯構造を示したのが図 4.3
である．ここでは都市を中心から都心・都心周辺
部・周辺市街地・郊外の 4 つに区分している．昼
間人口が多く交通アクセスの良い都心では商業力
指数が高く，一方で郊外は商業力指数が低いもの
の，人口増加は顕著であるため，小売業の立地が
進んでいる．この図は，1980 年代後半までの名
古屋市に対する研究によって示されたものである
ため，今日の動向は異なる点もあるものの，大都
市の内部において人口動態と商業の盛衰が連動す
ることや，それをおおよそ大都市内部の 4 地帯区
分の中で考察する視点など，参考になる点もある．

【付値地代曲線からみる店舗の業種】

　都市内部では，地代（地価）によって土地利用
が決定するという考え方がある．都市内部には，
店舗，オフィス，工場，住居などさまざまな機能
が数多く集まるため，土地需要が旺盛である．基
本的には，競売にかけられたある土地は，最も高
い値段を提示した者が獲得し，その者が意図した

用途で利用される．土地の獲得の際にどの程度の
値段を支払うかは，どのような用途として利用し
てどの程度の利益や効果をもたらすと想定するか
が前提となる．商業的な用途の場合，例え地代が
高くても交通アクセスがよく人通りも多い場所が
好まれる．一方で工場は，商業よりも単位面積当
たりの収益が低く，自動車による輸送などを考慮
すると必ずしも地代が高く渋滞もある都心部に立
地することを望まない．結果，都心部における土
地の競争入札の際には，商業的用途で利用するこ
とを意図した者が最高値を提示して土地を獲得す
ることとなる（図 4.4 上図）．企業活動を行うた
めにオフィス用地を探している者も同様の思考・
行動を取るため，大都市の都心部はオフィスや商
業機能が卓越することとなる．一方，比較的広い
土地を求める工場はその外側へ，同様に広い間取

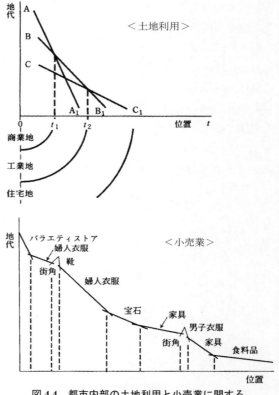

**図 4.4　都市内部の土地利用と小売業に関する
付値地代曲線**
（奥野 1999）

りや静かで自然豊かな環境を求める住宅はさらにその外側へ立地する傾向にある．この都市内部の土地利用と地代との関係は，高等学校までの地理学習でも学ぶ内容である．

　この考え方を小売業の業種・業態別の立地傾向に応用したのが図4.4下図である．ここでのバラエティストアは百貨店に置き換えられるが，これを含めて婦人衣服や靴，宝石など，買い回り品とされる業種ほど，広い商圏が求められ広域から人を引き付け得るため，高い地代を払ってでも交通アクセスのよい都心部へ立地する．一方で，日々の食材などの最寄り品は居住地付近で買い求められるため，これらの業種を扱う店舗は多くの人が住む郊外でこそ立地するメリットがある．これも古いモデルであり，近年の地方都市では郊外に立地したSCに買い回り品を扱う店舗が集積するなど，これとは異なる傾向もみられるが，大都市の商業を考える上では参考になる．

　このように資本主義経済下においては，都市の土地利用は経済原理が反映されていく．地代を支払うことによって土地を利用する権利を獲得した経済主体は，その土地を「経済主体にとって利潤最大化を目的とした土地利用に再編」（山本2016）していく．例えば1970年代以降に「若者のまち」として認知され，ほかのまちとは差別化された渋谷の駅前においては，世界的に展開するチェーン店が集積して地方都市郊外のロードサイドと似た景観を形成している（6章の2）．

　別のまちとして，例えば個性的な店舗が集まり若者で賑わう東京の竹下通りでも，その入り口付近には吉野家やマクドナルドといった，資本力のある全国チェーン店が立地している（図4.5）．これらの店舗に対して利潤最大化の原理を考える際には，吉野家やマクドナルドの竹下通り店の売り上げと地代との差額で考えるというよりは，この地に立地することで来街者に強く印象づけることができ，その企業自体が強く認知されることで，より広い目・長い目でみて企業全体の利益につな

図 4.5　竹下通りの入口付近に立地する全国チェーン店（2021年11月撮影）

がる，との考えに基づくととらえるべきであろう．例えば地価の高い銀座に国内最大級の規模を誇るユニクロが立地することも，同様の効果が期待されてこそといえる．

【都市内部構造に対する立体化の視点】

　図4.1の同心円地帯モデルや図4.2の扇形モデル等は，都市内部を2次元でとらえた見方であるが，今日は超高層建築物が数多く立地するなど，都市空間を3次元でとらえる必要がある．早くからこの視点で都市内部構造をとらえた戸所（1984）は，名古屋市を対象に立体化の視点から空間的機能分化の模式図を示した（図4.6）．ここでは，都市の中心部には百貨店などが立地するために低層から中層階にかけては物品販売機能が立地し，10階以上の高層階にはホテルのレストランといった社交娯楽機能が立地することが示された．この図が提示されてから時間が経過しているため，現在の名古屋市では頃なる傾向もみられるであろうが，それまでは2次元でとらえられていた都市内部構造論に立体化の視点を取り入れた点でこの図の価値は大きい．

　なおこの都市内部構造論に限らず，教科書などで扱われる伝統的な模式図や理論は，かなり以前に提唱されている場合も多く，現代とは状況が異なる点も多い．その過去と現在との違いに着目することは新たなモデルや理論を考えるきっかけとなり，新たな研究のアイデアを生み出す可能性

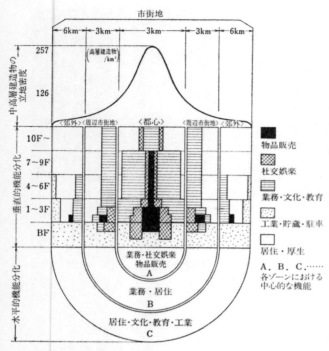

図 4.6　名古屋市における垂直的・水平的機能分化の
模式図 (戸所 1984)

もある.

　2000 年代に入り，東京などでは六本木ヒルズ
のような超高層大規模ビルの建設が進み，戸所
(1986) が「建物の街化」と表現したように，ひ
とつの建物がひとつのまちに匹敵するような再開
発が進行している．それらの多くは都心部でみら
れるため，さまざまな都市機能が都心部へ再集中
する「都心回帰」の文脈でとらえることもできる.
当然，その建物に小売，サービス，オフィス，住
居などさまざまな機能が入って「まち」的なるも
のを形成するが，その性格は周辺地域とはまった
く異なる場合も多い．周辺地域の特徴とは関係な
く空間が形成される大規模ビルが多い東京など大
都市の都心部は，商業的な特徴としてモザイク状
の空間的パターンが形成されつつあるとも考えら
れる.

　モザイク状の空間的パターンは，商業の面だけ
ではなく，社会構造の面でも当てはまる．新たに
建設された高層マンションは値段が高いために比

較的富裕層が入居し，周辺地域に住む人びとと
は所得面で格差がある場合もある．いわゆる都心
回帰といわれる現象の中で，東京区部はこのよう
な社会層のモザイク化が進んでおり（宮澤・阿部
2005），そこには階級格差が存在するとの見方も
ある（橋本 2011）.

【都市内部構造をとらえるための指標】
　大都市内部の土地利用を広範囲で把握するため
の特定の方法があるわけではないが，例えば東京
都の場合，都市計画のために数年おきに実施して
いる土地利用現況調査の結果がホームページなど
でも示されているので参考となる．図 4.7 は 2001
年における東京中心部の土地利用を示している
が，かつての江戸城に当たる皇居周辺の千代田区
内や，上野から品川に至る一帯はオフィス（事務
所）を主とした土地利用（建物用途）であり，オ
フィス機能が集積するこの一帯を都心と判断する
こともできる（正井 2000）．このような資料を参
考に，都市のどのような場所にまちが立地してい
るのかを把握することで，まちの将来を考える際
にも，都市全体の中でまちを位置づけて考察する
ことができる.

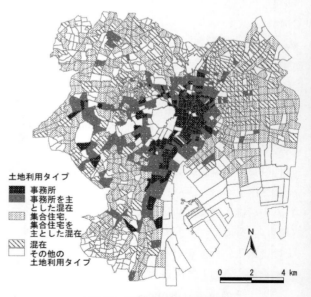

土地利用タイプ
■ 事務所
▨ 事務所を主とした混在
▒ 集合住宅，集合住宅を主とした混在
▧ 混在
その他の土地利用タイプ

図 4.7　東京中心部の土地利用
(2001 年, 牛垣 2008b, 土地利用現況調査による)

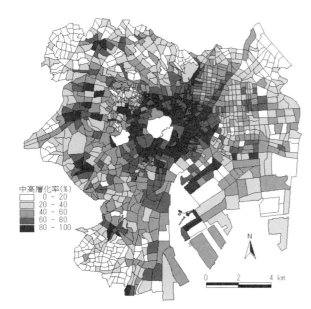

図4.8 東京中心部における中高層建築物の分布
中高層建築物は，4階以上の建物を意味する．
（2001年，土地利用現況調査結果による）

また都市の内部構造を把握するための別の指標として，中高層建築物の分布をみる（図4.8）．必ずしも高い建物が多く立地する場所が都心部とは限らないが，オフィス，店舗，行政施設といった都市機能は基本的に建物へ入居する必要があるため，都市機能が集積する都心部にはその受け皿となる大規模もしくは高層な建物も多く，都心部と建物規模には関連がある．図4.8をみても，中高層建築物が多数を占める地区は，皇居周辺となる千代田区や中央区の一帯など都心部のみならず，副都心といわれる新宿・渋谷・池袋・上野にもみられる．

一方，中高層建築物が広がる一帯の周辺地域は，都心周辺部といわれる一帯であり，中高層建築物の中に低層な建物が混在する．6章でも取り上げる神楽坂などのまちでは，裏通りを中心に地価が相対的に安いため，個性的な商品やサービスを提供する個人店もみられるが，まちが都心化の波に飲み込まれるように大規模で高層な建物が立地すると，オフィス・マンションやチェーン店が占めるまちへと変貌する可能性もある．ただし，低層

な建物や雑居ビルなども多い都心周辺部が都心的な地域へと変化するか否かについては，都市ごとに，また都市内部のセクターごとに異なることがこれまでの研究で報告されている（牛垣2006）．

【都心部に位置するまち】

まちの特徴やそれがもたらされる背景を考える上で，大都市内部のどの地帯に，もしくはどのセクターに位置するのかが重要である．例えば都心部（CBD）に位置するまちでは，多くのオフィスや行政機能が集積して昼間人口が多いため，そこで働く人をターゲットとした商品やサービスを提供する店舗が多く立地する．また，交通条件がよく広域からの顧客が期待できるために商圏が広がり，さらにオフィスを中心にさまざまな都市機能との間で土地争奪が生じることで地価が高騰するため，店舗では地価負担力の高い大手百貨店などが立地すると考えられる．一方で夜間人口（居住者）は相対的には少ないため，スーパーやドラッグストアなどの最寄り品店は少ない．近年は，いわゆる「都心回帰」として都心部に高層マンションが建設され，その内部もしくは付近にその居住者層に合わせた成城石井などの比較的価格帯が高い高級スーパーが立地する場合もあるが，基本的には生活必需品店が少なく，日常生活を送る上では不便な場合もある．

【都心周辺部に位置するまち】

都心周辺部は，都心部に比べると都市内部構造上の特徴が明確ではなく，都市によって，また都市内部のセクターによって，その土地利用の特徴は異なる（牛垣2006）．中高層建築物の分布が都心部からその周辺部へ拡大することにより都心化する事例もみられるが，やはり都心周辺部と都心部とでは，質的に土地利用の性格は大きく異なるという考え方もある．

例えば，東京の大手町や丸の内といった都心部では，都市計画によって広幅員の道路で囲まれた広い街区が形成される場合が多く（澤田1982），基本的には裏路地が存在しない．そのようなスー

パーブロックの街区には，面積の広い高層なオフィスビルが立地する場合が多い．それに対して都心周辺部には，幹線道路から一歩裏へ行くと細い街路で構成される街区が広がる場合が多く，そのような場所に立地する雑居ビルの上層階ではテナント賃料も大幅に安くなる．そういった場所では，チャレンジングな商品やサービスを扱う個人店が立地・開業する余地があり，そこから新たな消費文化が生まれる場合もある．都心部のまちや新宿や渋谷といった繁華街，地方の SC などではチェーン店が多く，そこでの消費活動は均質化する傾向にあるのに対して，この裏路地の存在と，広域からアクセスしやすい都心部からの近接性により，都心周辺部は大都市における消費文化の発信地となる可能性を秘めており，例えば秋葉原や原宿などはその代表的な事例といえる（牛垣 2015a，牛垣 2022a，2 章の 3，6 章）．

【郊外に位置するまち】

　都心部とは異なり郊外はオフィスや行政機関などは少なく住宅地が広がるため，最寄り品店が多く立地するのに対して，広域から多くの人びとが訪れるのは困難なために服飾関係などの買い回り品店は少ない傾向にある．これは先述の付値地代曲線の理論でも理解することができる．買回り品を販売する百貨店も，郊外では商圏が狭いために廉価品を扱う場合が多い（岩間 2001，図 3.9）

　大都市圏の郊外の場合，新築マンションの建設により生産年齢人口が転入する場合があるが，団塊ジュニアと呼ばれる郊外第 2 世代の転出や居住者の高齢化が進行する地域も多く，こういったまちに位置する店舗の場合，古くから付き合いのある常連客だけでなく，転入してきた新規住民を取り込むなど，「顧客の代替わり」（磯部・牛垣 2021）に対応することが特に重要である．一般的に飲食店の場合，地元の常連客とのコミュニケーションを重視する店舗も多いが（牛垣ほか 2019），人口は増加していても高齢化が進んでいるまちでは，数年後には常連客は来店できなくな

る可能性も高いため，新住民をターゲットとした経営も必要であり，それに成功している店舗が売り上げを伸ばす傾向にある．

　また大都市圏の郊外は，都心部へ過度に集積するオフィスを分散させるための受け皿として，業務核都市が計画される場合もあり，横浜市のみなとみらい 21 や千葉市の幕張，さいたま市のさいたま新都心がその代表的な事例である（4 章の 3）．これらの近くのまちの飲食店などでは，新人や取引相手として新規に訪れるビジネスマン・ビジネスウーマンを新規顧客として取り込める可能性があり，そのような店舗は売り上げを伸ばす傾向にある（原田・牛垣 2022）．

　東京のような大都市の郊外には，魅力的な商品を提供する飲食店や服飾系の店舗が集積して人気となっている吉祥寺，高円寺，下北沢，自由が丘といったまちも存在する．その背景として，ある程度の商圏人口をもつとともに，スプロールによって区画整理されずに市街地化したことで細い路地が多くて歩きやすく（三浦 2010，木谷 2022），都心部と比べて相対的に地価が安いために，魅力的な個人店が発生・残存しやすいと考えられる．

【大都市内部でまちが衰退するメカニズム】

　大都市内部に位置するものの，店舗が閉店して商店街の維持が困難になる場合も多い．しかし，そのメカニズムは地方都市の中心市街地に位置するまちとは大きく異なる．大都市の内部には，都

地域の人口増加
↓
地価・家賃の高騰
↓
店舗があった土地・建物の売却
↓
店舗跡地へマンション立地
↓
商店街からマンション街へ

図 4.9　大都市の内部における商店街衰退の過程

心部も郊外も，人口が増加している地域は多い．まちとしても，人口の増加は新規顧客の増加につながる可能性があるため，望ましいことではある．しかし居住希望者が多く，土地の需要が旺盛な地域は地価も高く，テナント賃料や固定資産税が高い傾向にある．そのため，相応の売り上げがないと店舗を維持できない．一方で，土地や建物の権利を所有している店舗の場合は，店を閉めてその権利を高額で売ってしまう方が，利益となる場合も多い．これに店主の高齢化や後継者がいないといった事情が重なると，土地や建物を利用する権利を売却する意向が強くなる．これが不動産会社などに売却されると，閉店した店舗に変わって分譲や賃貸のマンションが立地し，そのような事例が増えると，まちが商店街からマンション街へと変化することとなる（図4.9，7章の1）．

2.　地方都市の内部構造のとらえ方
【地方都市内部の模式図】

　日本の地方都市では，東京・大阪・名古屋といった大都市と比べて，主に郊外に立地するSCやロードサイド店で買い物をする人が多いためにそれらの店舗の影響力が大きく，中心市街地に位置するまちの多くは訪れる人が減少して衰退してしまった．地方都市の商業を考える上では，SCやロードサイド店は大きな要素だが，4章の1で取り上げた代表的な都市内部構造のモデルには，それらの要素は含まれていない．日本の地方都市の内部構造モデルとしては，1990年頃までの状況をまとめた図4.10がある（根田1999a）．ここでは，都市を都心，旧市街地，新市街地と三層に区分し，人口，店舗数の増減，店舗規模，経営形態（多店舗化する近代的経営か零細な独立店か），業種を指標とした模式図が示され，主要道路沿いにロードサイド店や大型店（SC）が立地することが読み取れる．ただし，この図はSCの立地が加速する1990年代以前の事象を描いたものであり，現在の地方都市ではそれらの影響力はいっそう強

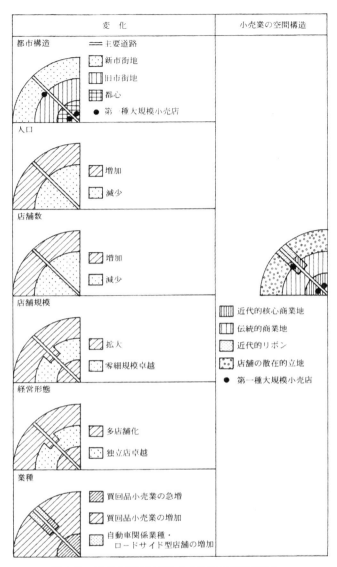

図4.10　地方中都市における小売業の空間構造とその構成要素の変化（根田1999a）

まっているため，地方都市の内部構造の模式図も別の形で表現できるかもしれない．

　SCの立地が一層進んだ近年の地方都市を模式的に示したのが図4.11である．新市街地に立地していた工業の跡地や郊外で農地転用された場所にSCが立地している．総合スーパーが旧市街地では閉店し，新市街地のロードサイドに立地するなど，モータリゼーションの影響を受けた今日の

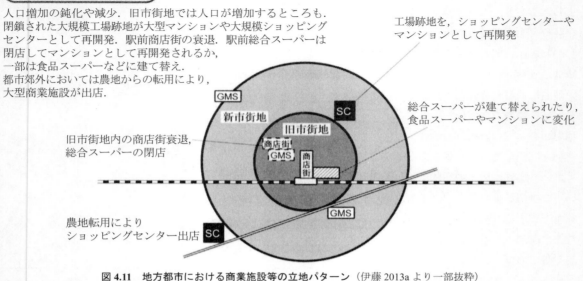

1990年代後半～2010年代ころ

人口増加の鈍化や減少．旧市街地では人口が増加するところも．
閉鎖された大規模工場跡地が大型マンションや大規模ショッピング
センターとして再開発．駅前商店街の衰退．駅前総合スーパーは
閉店してマンションとして再開発されるか，
一部は食品スーパーなどに建て替え．
都市郊外においては農地からの転用により，
大型商業施設が出店．

工場跡地を，ショッピングセンターや
マンションとして再開発

総合スーパーが建て替えられたり，
食品スーパーやマンションに変化

旧市街地内の商店街衰退，
総合スーパーの閉店

農地転用により
ショッピングセンター出店

図 4.11 **地方都市における商業施設等の立地パターン**（伊藤 2013a より一部抜粋）

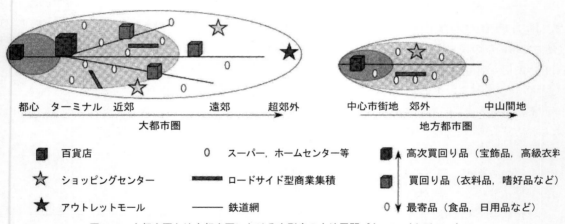

都心　ターミナル　近郊　　　　遠郊　　　超郊外

大都市圏

中心市街地　郊外　　　　中山間地

地方都市圏

🔲	百貨店	0	スーパー，ホームセンター等	🔲↑	高次買回り品（宝飾品，高級衣料
☆	ショッピングセンター	▬	ロードサイド型商業集積	🔲	買回り品（衣料品，嗜好品など）
★	アウトレットモール	──	鉄道網	0↓	最寄品（食品，日用品など）

図 4.12 **大都市圏と地方都市圏における大型店の立地展開パターン**（山下 2014）

地方都市における商業施設の立地傾向が示されている．

　また大都市圏と地方都市圏を，同一の指標で大型店の立地パターンを模式化したのが図 4.12 である．いずれも都心部には百貨店が，郊外にはSC が立地する点は同様だが，大都市圏では都心部のみでなくターミナルとなる鉄道駅付近に高次買回り品を扱う百貨店が，近郊にも買回り品を扱う百貨店が立地するなど，公共交通網と都市商業が充実していることがわかる．ただし，近年ではアウトレットモールが，軽井沢のような超郊外だけでなく南大沢や幕張といった遠郊にも立地し，近郊・遠郊の百貨店が閉店（3 章の 1）する現象もみられる．一方で地方都市圏では，都心部に百貨店が立地するもののその規模は大都市圏のそれと比べても小さく，中心市街地の商業力が弱まっていることが読み取れる．

【地方都市の中心市街地に残る店舗の業種】

　4 章の 1 で述べた通り，大都市においては，買い回り品店は都心部で多く，最寄り品店は郊外で多いというように，立地する場所によって店舗の特徴が異なるが，イオンモールに代表されるような郊外型の SC の進出が進む地方都市では，買い回り品も最寄り品も SC での取り扱いが充実している場合もあるため，都心部と郊外の関係は大都市とは異なる．

　なお，SC の影響を強く受け，シャッター街となってしまったまちも多い地方都市中心市街地ではあるが，その中でも比較的残っている店舗もみられる．そのような業種としては，例えば自動車で訪れることが前提となる SC には少ない業種，例えば飲酒を伴う，もしくは高級な，また店員と顧客によるコミュニケーションが重視される飲食店のほか理容店や美容店（牛垣ほか 2019, 同 2020，栗山ほか 2021），顧客と店舗，また店舗と商品の製造所との距離の近接性が求められる生菓子店や生花店（新名ほか 2008，渡邊ほか 2015），修理や相談，出張サービスなど高齢者や子育て世代などの顧客に対してきめ細かなサービスを提供できる業種や，官公庁・病院・学校といった公共施設や企業など地域の大口顧客と取引をしている店舗や業種があげられる（大石ほか 2011，市川ほか 2013，橋本ほか 2013，福井ほか 2014，福井ほか 2015，田上・牛垣 2018 など）．これらの店舗は，地方都市中心市街地におけるまちの存続や存在意義を考える上でも重要である．

【街なか居住・コンパクトシティ】

　大都市におけるいわゆる都心回帰とは別の文脈で，地方都市でも中心駅や中心市街地の中に高層マンションが建設される事例がみられる．多くの都市で「街なか居住政策」などと呼んでいるもので，都心部の人口を増やすための政策である．地方都市の都心部で人口が増加すれば，近くに位置するまちの活性化に寄与する可能性もあり，また 5 章の 1 でも触れる高齢者を中心とした買い物弱者問題の改善につながる可能性もある．

　また，そのほかの背景として，地方都市の厳しい財政状況があげられる．基本的に「都市化」は市街地が二次元的に拡大することを意味したため，今日の都市の市街地は広範囲に広がっている．当然，道路や上下水道といったインフラストラクチャー（以下，インフラとする）や公共交通や救急，消防といった行政サービスを広範囲でカバーする必要があり，またこれらの修理や補修などにも費用がかかる．今後，少子高齢化の進展でさらに財政状況が悪化する中で，これらのインフラや行政サービスを広範囲で維持するのは極めて困難とされている．そのため，できるだけ都心部やその付近に多くの人が住むコンパクトな都市構造とすることで，そこへ公共投資を集中し効果的に行政サービスを提供することを目指している．

　2014 年には都市再生特別措置法の改正を機に立地適正化計画が創設され，コンパクトシティを実現するための拠点形成の仕組みが制度化されたことで，今後の地方都市では一層コンパクト化に向けた取組みが注目される．図書館を充実させたり公民館と合築した複合施設としたりといった動きがみられるのもそのひとつである（武者 2021）．

　ただし，街なか居住やコンパクトシティに向けた取組みを推進するのも容易ではない．地方都市の多くは城下町を起源とし，中心市街地の敷地の多くは形状が細長いために，老朽化した建物や空き家・空地などでも建て替えや新規建物の建設が進みにくい．買い物などが不便な居住環境であるために，マンションを建設するリスクも高く，地権者としてもリスクが低く初期投資も少なくて済む駐車場経営が好まれる場合が多い．自治体はマンション建設や居住者の入居の際に補助金を出す政策を用意している場合が多いが，それは最後の一押しとしての効果しかなく，中心市街地そのものが居住の場として選択される魅力的なまちであることが重要である（山下 2016）．

居住地として求められる魅力について，木更津市が行ったアンケートのうち「中心市街地へ居住する場合の条件」の回答からみると，ふだんの買い物がしやすいこと（57.7%），福祉・医療機関が充実していること（23.3%），治安や防災面で安全であること（16.7%），公共機関が充実していること（14.1%），住宅価格・家賃がてごろであること（13.6%），まちに清潔感があり綺麗なこと（11.3%），子育て環境が整備されていること（5.2%）があげられており（牛垣ほか 2020），買い物環境の充実は木更津市における街なか居住政策の最重要課題となっている．

3. 都市内部における中心地とその移動
【都市における都心部の存在とその移動】

この章においてここまで取り上げた複数の都市内部のモデル図が示す通り，都市には，都市として成立するための中心が存在し，都心部やCDBとして表現される．都心部と都市の関係を人間に例えると，都市が人の身体全体とすれば，都心部は脳や心臓に当たるものであり，都市が成立するため，また都市が変動するうえでの核としての機能をもつ．

都心部やCBD，またその内部の中心地は不変ではない．交通システムが大きく変われば，それに伴って新たな中心地が形成される場合も多く，新旧の中心地が競合し，その競合にかつての中心地が負ければ，中心地は新しい場所へと移動する．また大都市になれば人口や都市機能も量的に大きくなるため，核が大きくなるばかりでなく，都心部に準ずる副都心が形成され，複核構造となる場合もある．このように，都市の中心地は，移動，競合，複核化・多核化といった変動が生じる動態的な存在である．

【街道の整備と都市の発達】

日本の各地において都市が発達したのは江戸時代といわれる．五街道の整備とともに，参勤交代制度の整備などもあり街道の通行量が増加したこ

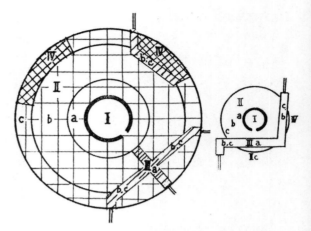

図 4.13　城下町の内部構造（田辺 1979）
図中のⅠは城郭地区（わずかな隙間が大手門），Ⅱは武家屋敷（a は上級武士，b は中級武士，c は下級武士），Ⅲは町人地区（a は中央商店街，b は町人，c は職人），Ⅳは寺院地区をそれぞれ意味する．

とで城下町や宿場町が発達し，町人地や盛り場が形成された．江戸の盛り場では，火の延焼を防ぐ目的で設置された火除地のうち，徒歩交通の要所でもあった両国橋の橋詰が江戸最大の盛り場として賑わった．各地の城下町では，その形成の初期は正面玄関ともいえる大手門へ通じる通り沿い（竪町ともいう）が最も賑やかで格式の高い町人地であったが，全国的な人やものの移動が活発になると，個別の城下町の中心である城や大手門へ通じる通り（竪町）よりも，これと直行して全国へとつながる通り（横町ともいう）の方が賑やかになったともいわれる（図 4.13）．個々の城下町では，その基軸が竪町型と横町型とで競合や併存が生じたともいわれる（矢守 1988）．

【鉄道と駅の開設と中心地の移動】

一方，明治期以降に鉄道が開通すると，鉄道駅周辺への商業集積が進み，新旧中心地の競合の末，中心地が駅周辺もしくは駅方向へと移動した都市も多い．例えば図 4.14 の Ⅰ では，土地の取得が容易であることから，江戸時代の城下町の外れに駅が開設し，旧中心地が駅方面へ移動したことを示している．Ⅱは旧大手門と中心地との間で駅が開設した事例であり，大手門と日本橋の間に東京

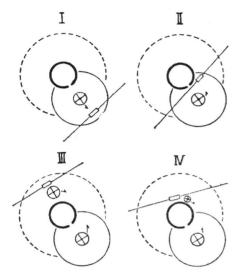

図 4.14　近代期における城下町への鉄道駅の開設と中心地の移動（田辺 1979）

図中の⊗は旧中心地の位置を，→はその移動の方向を，破線は城下町の範囲を，実践は近代期の都市の範囲を，太枠は城（堀）を，太枠の隙間は大手門（城の正門）をそれぞれ意味する．

のに伴い，上記のターミナル駅を有するまちが徐々に繁華街として発達した．東京は，大阪・京都・福岡・金沢といった国内のほかの大都市と比べても，交通体系の変化に伴う都市空間構造の再編と盛り場の移動が著しく生じた都市ともいわれる（陣内 1991）．これは，フランス第 2 位の都市・リヨンの中心部が，2000 年以上にわたり都市の中核的な営みが同一の場所で繰り返されたとして，その古代の範域がユネスコによって世界遺産に指定された（高橋ほか 2013）こととは対照的である．

【地価でみる中心地の移動】

駅がおかれた江戸・東京がこれに当たる．なお，城下町の外れに駅が開設された理由として，当時の人びとが鉄道の煙を嫌がったといった鉄道忌避説が存在するが，交通の専門家の間ではその考え方には否定的な見方が強い（青木 2006）．

3 章の 1 でもみたように，東京では，関東大震災以降に，渋谷・新宿・池袋・上野などから郊外へ延びる私鉄の郊外鉄道の沿線が住宅地化する

都心部の中でも特に中心地の核になる地点の場所とその移動をとらえる方法として，杉村（1975）は①最高地価地点，②歩行者通行量，③建物の景況，④売上高の 4 つをあげた．

国税庁が相続税の産出のために公表している路線価は，全国の全ての民有地において，毎年 1 月 1 日の値が公表されているため，地理学においては，まちの中心地をとらえるための指標として使われてきた．図 4.15 は，高知市の中心市街地における最高地価地点の移転を示している．昭和 31（1956）年から同 39（1964）年にかけて，城に近い地点から路面電車が通る大通り方面へと最高地価地点が移動しており，この間の地価の上昇率も後者で高い値を示している．

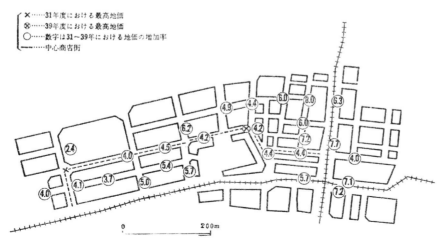

図 4.15　高知市の中心市街地における最高地価地点の移転（杉村 1975．路線価格地域図による）

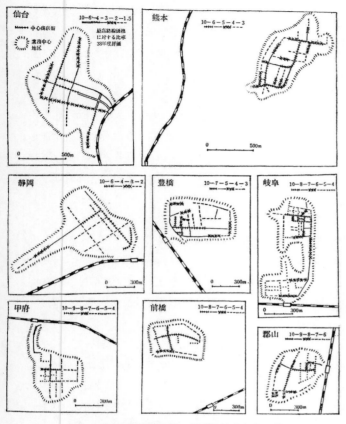

図 4.16　最高路線価格に対する比率からみる
8 都市の中心市街地の構造（杉村 1975）

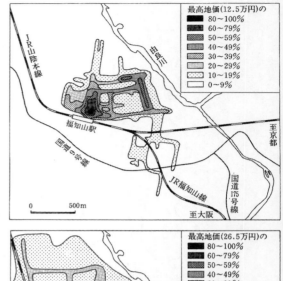

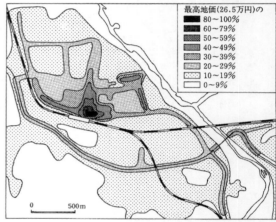

図 4.17　路線価からみた福知山中心市街地の構造
（上図 1976 年，下図 1987 年，戸所 1991.
路線価地域設定図による）

　図 4.16 は，最高地価地点との比率を中心市街地内の通りごとに示したものであり，これより，まちの広さやその内部構造を把握する手掛かりとなる．例えば城下町時代の町人地から鉄道駅付近へ中心地が移転したか否か，もしくは競合関係にあるか，ということや，まちの広がりの形状や面積などについても把握できる．半世紀近く前に作成された図であるため，現状はこの図に描かれた内容からは変化があるが，このような方法でまちの構造をとらえることは今日でも有効である．

　図 4.17 は，最高地価地点に対する路線価の比率を，都市内部を対象に面的に示したもので，2 時点間の変化をみている．1976 年の頃は，駅前と共に福知山城に近い東部の伝統的な商店街が位置する通りで 50％台の高い値がみられるが，

1987 年にはこの値が 40％台へと低下している．一方，この間のモータリゼーションの影響により 10％台の範囲が広がって市街地が拡大するとともに，特に自動車で利用される郊外の国道 9 号線沿いの地価が上昇している様子が読み取れる．上述の通り路線価は毎年公表されているために，その 2 時点間の変化から都市内部構造の変化を読み取ることができる．

【歩行者通行量でみる中心地の移動】

　図 4.18 は，歩行者通行量とその変化から，福知山の中心市街地の構造とその変化を示している．地価でみられた傾向と同様に，1973 年には城に近い東側の通りで高い値がみられるが，1987

年にはこの通りの歩行者は減少し，駅の周辺で増加している．人通りの多い場所が，伝統的な商店街から駅前へ移っている様子がわかる．歩行者通行量のデータは，まちの構造を読み解く上でも貴重な情報ではあるが，一定の広がりがある中心市街地を対象に歩行者通行量やその変化を調査することは，同時刻に複数地点を調査する必要があるため，個人レベルの研究では難しい．自治体によっては定期的に調査を行い，その結果をインターネットや冊子媒体で公表している場合もあるため，これを探して使用するとよい．

【旧中心地の衰退とまち並み保存活動の展開】

　今日，首都圏の日帰り観光地として屈指の人気を誇る埼玉県の川越において，まち並み保存活動が展開される契機についても，駅の立地と中心地の移動という概念からとらえることができる．現在，「蔵の街」で知られる川越一番街商店街は，江戸時代から続く伝統的な商店街であるが，鉄道駅がまち外れに開設されて駅前に大型店が立地したことで，一時期は消費者も駅前に集まってこの伝統的な商店街は衰退した．この対策として，近代化に乗り遅れたことによって伝統的な蔵造の街並みが比較的残されており，逆手にとってこれを活かしたまちづくりが展開された（永野ほか2002）．今日では歴史的なまち並みを活かしたまちづくりは多くのまちで行われているが，川越はその先駆的なまちのひとつといえる．

【都心機能の分散と副都心・業務核都市の形成】

　都市の人口が増加し，都市機能が集積すると，都心部は過密となり地価が高騰する．そうなると，都心部やその周辺で居住するのは難しくなるため，満員電車で長距離の移動を余儀なくされる通勤者が増加するなどの都市問題が生じる．これを緩和するために，都市の発達に伴い都市機能を都心部から分散させるための受け皿となる副都心が建設される（図4.19の2の段階）．東京大都市圏では新宿がその代表的な事例といえる．さらに都市が発達すると，従来の都心部から副都心の間

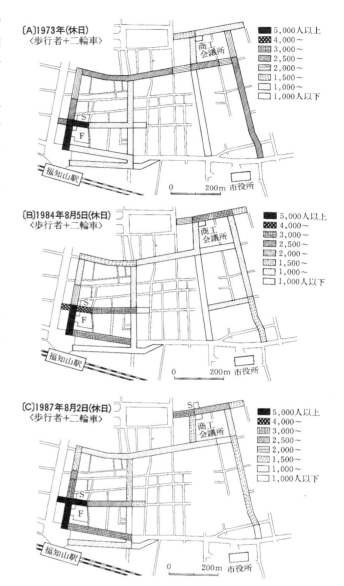

図4.18　中心市街地の通行量とその変化（10～18時，戸所1991．福知山商工会議所調査資料による）

にもオフィスなどの都市機能が集積して広大な都心部を形成する．この段階では，都心部の過密や地価の高騰は深刻化しているため，大都市圏の郊外にオフィス機能の受け皿となる業務核都市が建設される（図4.19の3の段階）．東京大都市圏に例えると，横浜市のみなとみらい21，さいたま市のさいたま新都心，千葉市の幕張新都心などがこれに該当する．

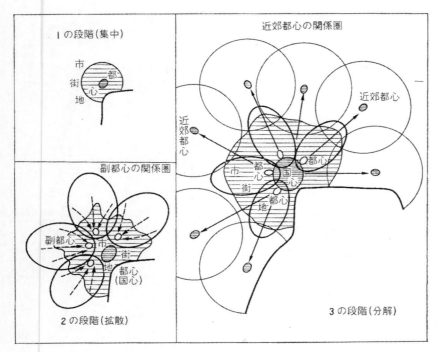

図 4.19　都市の発達と副都心
および郊外核の形成の模式図
（服部 1971）

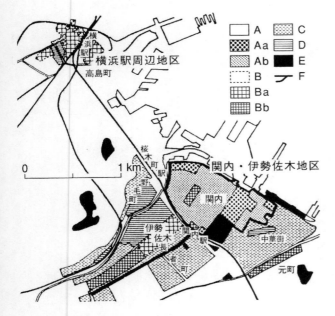

A：中枢管理地区，Aa：行政機能の強い街区，Ab：事務管理機能の強い街区（一次的卸売商業機能〈都市型〉を含む），B：中心商業地区，Ba：一次的小売商業機能の強い街区（都心商店街），Bb：二次的小売商業機能の強い街区，C：二次的卸売商業機能〈混在型〉の強い地区，D：娯楽機能の強い地区，E：公園，F：鉄道

図 4.20　1988 年当時における横浜都心部の
機能分化と複核構造（佐野 2009）

【みなとみらい 21 の造成と複核から単核構造へ】

　一方，横浜というひとつの都市に目を向けてみると，みなとみらい 21 が建設される以前は，江戸末期の開港以来，都心部は，商業施設や業務機能が集積してきた関内・元町・伊勢佐木町・野毛へと広がる一帯と，横浜駅を中心とする一帯で形成され，小さな核がふたつ存在する複核構造であった（図 4.20）．その横浜駅と関内一帯をつなぐエリアがみなとみらい 21 であり，1990 年代以降のこの造成によって，小さなふたつの都心部は繋がり，大きなひとつの都心部を形成することになった．図 4.19 にみられるように，一般的に都市はその発達とともに複核化するが，横浜は都市の成長に伴い複核から単核構造となった珍しい事例といえる．近年ではこれらの地区を一体化させた都心づくりが進められている（佐野 2009）．

4．都市内部構造とまちとの関係
【東京 23 区の内部構造】

　4 章の 1 などでみた都市内部構造の模式図は，多くの都市の最大公約数的な特徴を示したもの

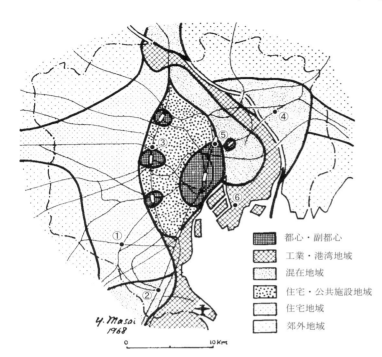

図 4.21　1960 年当時の東京 23 区の地域区分
（正井泰夫 2000 に一部加筆．東京都土地利用
　現況図による）

凡例：
- 都心・副都心
- 工業・港湾地域
- 混在地域
- 住宅・公共施設地域
- 住宅地域
- 郊外地域

Y. Masai 1968
0　　　　　　　　10 Km

であり，個別の都市の実態は異なる部分もある．
1960 年と古い情報ではあるが，当時の東京 23 区
内の土地利用区分を示したのが図 4.21 である．
全体として，山手線以東は荒川西岸の工業地域と，
その周辺の混在地域からなっている．ここでの混
在とは住（住宅）・工（工場）・商（商店）の混在
地域を意味する．一方，山手線以西は住宅地域が
広がっている．図中で郊外地域となっている地帯
も，現状ではほとんどが住宅地域となっている．
このように，都市内部の代表的理論として図 4.1
の同心円地帯モデルが知られているものの，東
京 23 区では下町・山の手構造といわれるように，
空間的パターンは同心円状にはなっていない．な
お 23 区よりも郊外では，同心円とセクターを組
み合わせた構造であることが示されている（斉藤
1982）．また近年では，図 4.21 の工場地帯や混在
地域にあった工場はマンションに変わっている場
所が多いため，下町も山の手も住宅地としての側
面が強くなり，同心円構造に近いパターンになり
つつある（図 4.7）．
　図 4.21 は，現在からは半世紀以上前に描かれ

た図ではあるが，その中に位置するそれぞれのま
ちは，その位置する地域の過去から現在にかけて
の特徴が反映されているため，今日のまちの性格
をとらえる際にも参考となる．

【自由が丘】　図 4.21 ①
　自由が丘は，図 3.8 からもわかるように東急東
横線および大井町線沿線の中心地である．主には
世田谷区，目黒区，品川区に位置するこの沿線一
帯は，東京都内でも良好な住宅地が広がっており，
その中心地である自由が丘には，服飾系の店舗や
飲食店が集積してオシャレなまちとして知られて
いる．

【蒲田】　図 4.21 ②
　蒲田は，自由が丘とは直線距離で 6.5 km ほど
しか離れていないにもかかわらず，リーズナブル
な大衆酒場が多いなど，自由が丘とはまちの性格
が大きく異なる．大田区は，かつてに比べると減
少したものの町工場が多く，そこで働く人びとが
仕事終わりに利用する店舗が集積している．池井
戸潤原作の『下町ロケット』のテレビドラマ版
（TBS 系）でも，何度か大衆酒場に集まる社員の

様子が描かれている.

【大久保】 図4.21 ③

　大久保は，韓国を中心にさまざまな国をルーツとする人びとが住むエスニックタウンが形成されている（6章の4）．このまちの形成の契機は，すぐ南に位置する新宿歌舞伎町のサービス店で働く人びとがこの地に住んだことや，韓国系企業であるロッテの工場がありそこで働く人が多かったためといわれている．新宿との関係性から，このまちは「新宿のベッドタウン」などと表現される場合もある．図4.1のバージェスの同心円地帯モデルでは，CBDの周辺にスラムなどとともにエスニシティがみられる．大久保の場合は，副都心である新宿との関係によってエスニックタウンが形成されており，同心円地帯モデルや多核心モデル（図4.2）には表れない現象ととらえることもできる．

【立石】 図4.21 ④

　立石は，住・工・商が混在するいわゆる下町の商店街で，この地帯に住む人びとを対象とした多くの大衆酒場が人気のまちである．しかし2021年以降，大規模な再開発が計画されており，駅の北側には地上35階建てのマンションと地上13階建ての業務・商業施設からなるビルが建設される予定である．駅の南側でも大規模開発が計画されており，現在の立石駅周辺の雰囲気は一変することになる．まち歩きが好きな人や大衆的な飲み屋を好む人は，早めに写真に撮って店舗を利用したい．

【上野】 図4.21 ⑤

　上野は，江戸時代から現代にかけて江戸・東京を代表する賑わいのあるまちである．4章の3で触れたように，交通システムの変化に伴い都市構造を変化させ，中心地を移動させてきた東京において，江戸時代から今日にかけて，都市を代表する繁華街として続くのは日本橋と上野くらいであろう．上野では，江戸期や明治初期に広小路として栄えた場所が今日でもまちの中心地として機能し，かつての歓楽街が今日まで継承されるなど，今日のまちの構造も過去の影響を受けている（森山2020）．

　昭和期以降は，郊外へ伸びる京成線のターミナル駅を有するまちとして賑わっている．3章の図3.6では，中心地体系は都市内部の社会層の影響を受けることが示されているが，下町の中心地として位置づけられる上野において，駅付近のガード下を中心に大衆酒場が数多く存在するのも，その表れとも考えられる．一方で上野は，1877（明治10）年に第1回の内国勧業博覧会が行われ，今日でも国立の博物館や美術館が立地するなど，文化的な拠点として高貴なイメージもある．上野はこのような2面性を有するまちともいえる．

【豊洲】 図4.21 ⑥

　豊洲は，現在はららぽーと豊洲SCが立地する場所である．かつてこの一帯は工業地域であったが，近年はその跡地に多くのマンションが建設されている．それに伴い，この一帯に居住する人の社会層も変化しており，図3.7ではホワイトカラー層の居住者割合で高い値を示している．このSCは，比較的近年にこの地域に居住し始めた新住民の貴重な買物先となっている．大規模な工場がSCやマンションに変わることは，それまでのまちや地域の文脈を断ち切る歴史的な変化（2章の6）であり，そこに住む人びとの生活やまち・地域の特徴を一変させることにもなり得る．

5章　社会の中でまちをとらえる

1．時代に伴う業種・業態の変化

【高度経済成長期までの消費動向】

　多くの消費者が購入する，売れる商品の種類（業種）や，商品の提供の仕方（業態）は，時の変化に伴い，それぞれの時代に対応して変化する．

　高度経済成長期の頃には，日本人の所得の増加に伴い，白黒テレビ，電気洗濯機，電気冷蔵庫のいわゆる三種の神器が爆発的に売れた．多くの家庭ではこれらを共通に買い求め，これらを購入する際には「とうとう我が家にもテレビがやってきた」というように，豊かさを実感できる時代でもあった（田村 2011）．この頃は，消費やレジャーの選択肢は限られており，例えばプロ野球のテレビ放映のほとんどは読売巨人軍であったために，当時は多くの人が巨人ファンであった．古き良き昭和のまちを舞台とする映画『ALWAYS　三丁目の夕日』においても，まちに住む人びとが集まってプロレス中継を見て応援をすることで，経験を共有し共感するシーンがある．現代の消費・レジャーは多様化したため，経験の多様性という点では豊になったが，家族や地域社会など地縁・血縁に基づく身近なコミュニティで経験を共有する機会は減ってしまった．

【スーパーの台頭】

　高度経済成長期は，「全国総中流」ともいわれたように，日本人全体の所得が増加し，経済的な格差は比較的小さいといわれた．その国民の大部分を占める中間層を「ボリュームゾーン」としてターゲットとし展開した業態が，ダイエーなどをはじめとしたスーパーである．スーパーでは，少品種大量販売の販売方式を展開することにより，商品一品当たりの仕入れ価格を抑えることができ，比較的低価格で商品を販売することができた．また米，野菜・果物，魚など頻繁に買い物をする商品も一度に同一の店舗で購入することができる

ため，便利さから多くの消費者を引き付けた．一方，商店街の米屋，八百屋，魚屋などはスーパーに顧客を奪われた．スーパーで扱う商品を販売する個人店はスーパーとの競合によって経営が苦しくなったが，これらが倒産し失業者が増加することを防ぐために，1973 年に「大規模小売店舗における小売業の事業活動の調整に関する法律」（通称「大規模小売店舗法」，略称「大店法」）が制定され，翌年に施行された．この法律によって，スーパーの立地前に商工会議所を中心に調整を行い，既存の小売店への影響が大きいと判断された場合には出店の凍結もあり得た．これにより，1970 年代から 80 年代にかけては，スーパーと米屋・八百屋等の個人店が併存する状況にあった．

【コンビニエンスストア（CVS）の台頭】

　スーパーが店舗規模や営業時間等において規制がかけられる中で誕生したのがコンビニエンスストア（以下，CVS とする）である．CVS は，スーパーが営業できない時間帯を補完するため 1974 年にイトーヨーカ堂の子会社として，文字通り朝 7 時から夜 11 時までを営業時間とするセブンイレブンの 1 号店が豊洲に誕生した．その後 CVS は 24 時間営業を展開し，1990 年代以降は，夫婦の共働きの進展や深夜での活動の活発化といったライフスタイルの変化に加え，郵便，ATM，証明書の発行等さまざまな公共機能を備えるなどで利便性を高め，その数は急増した（図 5.1）．

【1980 年代以降の消費動向】

　高度経済成長期までの消費活動は，多くの人が同じような商品やサービスを求めるという点で単一的であり，単線的であったといえる．これが人びとの所得が増え，三種の神器を中心とした生活必需品がある程度各家庭に備わった 1980 年頃になると，消費は「目的達成型」から「目的発見型」へと変化し（博報堂生活総合研究所 1985），消費

52

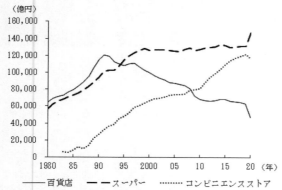

図 5.1　3 業態における年間販売額の推移（1980 〜 2020 年）
（商業動態統計と日本フランチャイズチェーン店協会資料
による）

の対象は「到達すべきもの」から「選択すべきもの」
に変わった．消費活動として目指すべき未来の単
一性が解体したことにより，個人の消費活動は特
定の方向づけから自由になったが，そのためにそ
れぞれの社会的場面で企業や自治体によって操作
される対象になった（吉見 1987）との見方もで
きる．例えば 80 年代は，消費が商品の実質的な
機能を買うのではなく，商品の記号性（＝ブラン
ド）を買う時代といわれ，その消費活動を描いた
作品が田中康夫の『なんとなく，クリスタル』で
ある（三浦 2016）．自由に使えるお金をもち，両
親の監視の目が届かない若者が，大都市の刺激的
な環境に置かれる．これが若者消費者を生み出す
培養環境とされた（田村 2011）．

【百貨店の衰退】

　スーパーが 2000 年頃まで，CVS が 2010 年代
まで成長したのに対して，百貨店は 1991 年をピー
クにその後は販売額が減少し続け，2019 年には
ピーク時の半額程度にまで落ち込んでいる（図
5.1）．「失われた 20 年間」とも表現された，バブ
ル崩壊後の長期的な不景気によって，消費者は高
価な買い物の購入を控えることとなった．最寄り
品といわれる商品は日常生活に不可欠なものであ
り，それらを販売するスーパーやドラッグストア
などは景気変動の影響を受けにくいが，スーパー
とは異なり多品種少量販売の販売方式で高価な商

品を中心に販売する百貨店は，その影響を強く受
ける．1990 年代以降は SC の立地が進み，さらに
Amazon をはじめとするとするネットショッピン
グが急成長した影響を受け，人口規模の小さな地
方都市や大都市郊外の百貨店は，商圏人口の少な
さから撤退が相次いでいる．

　百貨店は，買い回り品の購入先という点のみな
らず，戦前・戦後の時期においては，当時として
は珍しい欧米からの舶来品を並べるショーウイン
ドウの役割を果たしたことや，それ以前は少な
かった家族での買い物やレストランでの外食，屋
上の遊戯施設で楽しむといった（初田 2004），新
しい消費文化の発信地としての側面を有した．

　1990 年代以降は厳しい状況が続く中，不採算
店を閉鎖して支出を抑えつつ，競争力を高めるた
めに新宿伊勢丹，銀座松坂屋（ギンザシックス），
阪急うめだ本店，あべのハルカス近鉄本店といっ
た各百貨店の基幹店に対して投資を拡大し，増床
や改装を行う戦略が 2010 年代まで行われた．

【SC の台頭】

　1990 年代に入ると，SC などの大型店を規制し
てきた大店法が，アメリカ政府からの要請などに
より徐々に規制が緩和され，2000 年に「大規模
小売店舗立地法」（略称「大店立地法」）が施行さ
れた．新しい大店立地法は，同時期に施行された
改正都市計画法や中心市街地活性化に関する法律
（中心市街地活性化法）と合わせたいわゆる「ま
ちづくり 3 法」のひとつであり，自治体ごとに大
型店の出店を加速することも規制することもでき
る法律であったが，実質的には大型店の大規模化
と出店はその後も加速することとなった．ある自
治体で SC などの大型店を規制しても，隣接する
自治体でこれが立地してしまえば，規制した自
治体に住む住民が顧客として奪われる形となるた
め，市区町村単独での大型店の立地規制は困難で
あった．都道府県にその調整の役割が期待された
が，制度上の問題もあり，実質的にはその調整が
機能することはなかった（荒木 2007）．

SCなどの大型店は，日常的な買い物としての最寄り品から買い回り品まで幅広い商品や娯楽サービスの供給拠点となった．無料の大型駐車場を併設し，郊外のバイパス近くに立地して自動車でのアクセスが容易である．一か所に多様な業種の店舗が入居するために「ワン・ストップ・ショッピング」が可能であり，便利さから多くの消費者を引き付けた．路線バスやコミュニティバスが乗り入れる場合もあり，口述する交通弱者にとっても不可欠な存在となった．建物や駐車場のスペースは，防災や避難の拠点としても期待されている（伊藤2013b）．

　地方都市の消費活動において，SCの影響力は絶大であり，その一帯の空間を支配しているといっても過言ではない．SCの管理主体は多くの場合が単独の企業であるにもかかわらず，その存在は一つの都市や自治体に多大な影響をもたらす場合が多い．そこに入居する店舗の業種は多様だが，その構成や店舗の運営方針などはSCを管理する企業のコンセプトに基づくため，入居するテナントの自由度は少なく，SCを管理する企業が設定するコンセプトによって地域の消費活動が左右されることとなる（図5.2）．SCの経営・管理主体がイオンや三井など少数の企業に限定され，それらのSCが国内外に広く展開している現代では，これらの企業による空間的支配の範囲が広がっている（牛垣2015a）．

　一方，消費者を奪われた従来の買い物中心地で

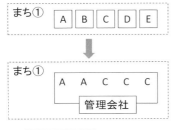

※　　意思の所在　　A〜E 店舗業種

図5.2　まちからSCへの変化に関する
　　　　模式図（牛垣2015a に一部修正）

あった中心商業地は，店主の高齢化なども相まって閉店する店舗が多く，シャッター街となるまちも多い．SCやロードサイドに立地する店舗や中心商業地，Amazonに代表されるネットショッピングなどとの間で繰り広げられる消費者の奪い合いを「地域市場における消費の争奪」ととらえる見方もある（安倉2021）．そのSCも永続的にあるわけではなく，民間企業でありあくまで「企業の論理」に則るため，人口が減少して売り上げが減少すれば撤退することとなる．1990年以降の総合スーパーとしてのイオンの出店・閉鎖状況を示した図5.3をみても，東北・北陸・山陰地方など人口の減少が顕著な地域のほか，関西圏や中部圏といった大都市圏においても閉店する店舗が目につく．SCが閉店した地域の人びとは，より多くの時間を費やして遠くのSCを利用することとなり，近くにSCがない地域に住む人びとは，極度に買い物環境が悪化することとなる．SCの淘汰は人びとの生活に大きな影響を及ぼすこととなる．

　SCは，大店法の時代は法規制により競争が調整されていたが，後に自由競争へシフトした（箸本2004）．さらに近年では，公共性の高い駅や空港などの公共スペースが，ショッピングモールとして施設を作り直すことで収益化を図る現象がみられ，「ショッピングモーライゼーション」（速水2012）とも表現される．東京国際空港（羽田空港）の江戸小路，JR駅構内のエチカ，デジタル化時代の電波塔である東京スカイツリーの東京そらまちなどがこれに該当する．

　このSCの空間的性格は，日本の風土や生活・価値観に適合して江戸時代から近現代にかけてみられた伝統的な盛り場とは，その特徴が大きく異なり，むしろ対極的といってもよい．SCは，大規模で単独もしくは少数の企業が所有・管理する場合が多く，その企業によって決められたコンセプトに則って空間が計画的に形成・管理される．そこに入居するテナントはチェーン店が多く，SC全体のコンセプトとチェーン店自体の企業コ

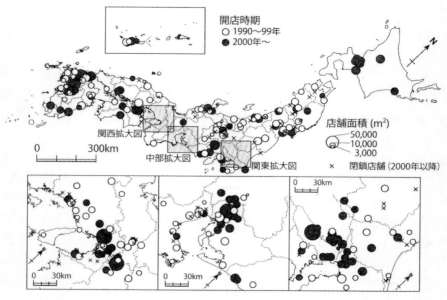

図 5.3　1990 年以降のイオン（旧ジャスコ）の出店・閉鎖状況
（安倉 2013.『日本スーパー年鑑』およびイオンリテールのホームページによる）

ンセプトに縛られるため，個々の店舗の裁量権は
わずかである．匂いや音など，不快感を与える可
能性のある要素は極力排除され，視覚的要素が重
視されるために清潔感があるが，異なる SC でも
設計会社は同一である場合も多く，その際には視
覚的に似たデザインとなる．出入りする人びとを
制限したり特定したりすることはないが，清潔感
と店舗構成により，どちらかといえば女性や家族
連れをターゲットとし，単身男性や低所得層は来
訪しづらい雰囲気があるともいわれる．どこにで
もあるチェーン店が多いために新しい商品を発見
する楽しみは少なく，アルバイト店員との関わり
を楽しむこともない．警備員や防犯カメラによっ
て監視されているために，行動や振る舞いは管理
者が意図する範囲内に規制され，オープンスペー
スでの政治的行動や酒を飲んだり歌ったり踊った
りといった自由な活動はできない（牛垣 2015a）.
さまざまな業種の店舗があり一見多様にみえる
が，それは「お化粧のようなもの」で，あらかじ
め管理者にとって害のないものへと品質管理を施

されている（斎藤 2005，5 章の 5）.

【買い物弱者問題とその対策】

　SC の台頭により従来の買い物中心地であった
地方都市中心市街地や百貨店は顧客を奪われ，人
通りが少なくなって閉店する店舗が相次ぎシャッ
ター街となったまちも多い．これによって問題と
なるのは，自動車を運転することができない人の
買い物行動が困難となる「買い物弱者」問題であ
る．自動車を運転できず公共交通機関に恵まれな
い地域は「交通弱者」問題も課題であり，両者は
密接に関連する．特に生鮮食料品は栄養を摂取し
て健康を維持するためには不可欠であるが，それ
が徒歩圏内で購入することができない高齢者も増
えている．自宅から 500m 圏内に生鮮食料品を購
入することができない地域は「フードデザート」
（食の砂漠）といわれる．フードデザートの状況
にある地域は，地方や島嶼部ばかりでなく高齢化
が進んだ大都市地域にもみられる（岩間 2013）.
フードデザートは，生鮮食料品店の有無といった
物理的な条件のみならず，それを入手する際に

他者の協力を得られるか否かといった人間関係（ソーシャルキャピタル）も関わり，都市部ではその希薄化がフードデザート問題を深刻化させている（岩間編 2017）.

　買い物弱者に対して買い物の機会を提供する方法としては，例えば大手 CVS やスーパー各社が展開する移動販売があげられる．店舗空白地域へ決められた時間・場所に主力商品を搭載した軽トラックが訪れるものである．これにより買い物の機会を得るだけでなく，同一の時間と場所に人が集まるため，集落内の人びとが交流する機会としても有意義である．しかしこれが訪れる地域は人口減少が顕著であるため，多くの場合は採算が取れず国や自治体による補助金で成り立っており，この事業の持続性については課題もある.

　買い物弱者に対する別の対応として，ネットスーパーがあげられる．図 5.4 に示すように，ネットスーパーの仕組みは，顧客がインターネット（Website）上で商品を注文し，その情報を顧客に近い店舗が受け取って商品を届けるというものである．基本的には店舗の存在が条件となるため，このサービスが広がった 2000 年頃には都市部を中心としたサービスであった．近年では地方も含めてかなり広域でこのサービスが提供されているが，高齢者などインターネットに馴染みが薄い人びとは利用しにくい．ただし今日では働く世代はパソコンやスマートフォンを日常的に利用しているため，これらの人びとが高齢者になった際には，ネットスーパーの利用がより活発になる可能性も高い.

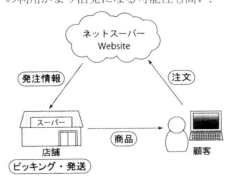

図 5.4　ネットスーパーの仕組み（池田 2013）

　これらの移動販売やネットスーパーなどで買い物弱者へ対応しているのは，多くの場合が大手スーパーや CVS 各社である．イオンなどをはじめ SC を展開する企業は，それにより地方都市中心市街地をシャッター街とし，買い物弱者問題をもたらしたが，それらの企業が対策に積極的なのは，社会的責任として当然ともいえる.

　近年は，高齢者による自動車事故が頻発している．この背景には，身体的能力が低下したとしても，特に地方においては生活を送る上では簡単には自動車を手放すわけにはいかないという，買い物弱者問題が横たわっている．自動運転のバス・自動車の開発や法整備も進められているが，地方で高齢者が生活を送るため，また高齢者による自動車事故を減らすためにも，この問題への対応が急務である.

【モノ消費からコト消費へ】

　次節でみるチェーン店の進展や，Amazon に代表されるネットショッピング（電子商取引，e コマース）の普及により，消費者はどこにいても欲しいものを入手することができるようになった．店舗としては，扱う商品の種類によって魅力や個性を示すのが難しくなり，扱う商品をサービス分野（コト消費）へとシフトしている．コト消費は，純粋体験型（旅館，ホテルなど），イベント型（百貨店でのイベントなど），アトラクション施設型（映画館，美術館など），時間滞在型（カフェ併設の本屋など），コミュニティ型（施設内でのコミュニティ形成），ライフスタイル型（ライフスタイルに合った商品提供），買い物ワクワク型（ワクワクする仕掛けや店舗設計）の 7 つに分類される（川上 2017）．阪急百貨店のうめだ本店やギンザシックスなど，2010 年以降に建設・改装された大型店は，多くの場合でコト消費をコンセプトに掲げている.

【新型コロナウイルス感染症の拡大】

　2020 年 1 月以降の新型コロナウイルス（COVID-19）感染症の拡大は，人びとの生活や消費活動にも大きな影響を及ぼした．図 5.1 をみる

と，2019 年から 2020 年にかけての販売額が，スーパーは急増，CVS と百貨店は急減しているのもその影響と考えられる．2020 年 4 月から 5 月にかけての緊急事態宣言下においてメディアなどで取り上げられたが，生活必需品を販売するスーパーには人が殺到し「3 密」の状況が生まれたことも報じられた．一方で，ハレの日の買い物と位置づけられる百貨店は，時短要請や積極的な外出行動が推奨されない状況によって，販売額が一層減少した．企業に勤める人びとが自宅で仕事をする「リモート」が増え，また出社したとしても比較的早い時間帯に帰宅することが多くなったことにより，上昇し続けた CVS の販売額も 2019 年から 2020 年にかけては減少させている．

　コロナ禍でも，生活必需品を提供するスーパーや，飲食店の中でも持ち帰りへの対応が容易であるマクドナルドなどは，比較的売り上げが好調であった．これに対して，人とのコミュニケーションを主目的として利用される居酒屋などの飲食店は特に厳しい状況におかれ，閉店した店舗も多い．4 章の 2 で述べたように，地方都市中心市街地に残る店舗は，SC との差別化を図ることができ，顧客とのコミュニケーションが重要となる飲酒を伴う飲食店や理容・美容室などが多い．理容・美容室は定期的に利用することが避けられないことや，会話をしないこと，理容師・美容師がマスクをすることで対応できるが，飲酒を中心とした飲食店では，客同士，顧客と店員とのコミュニケーションが醍醐味であり，これがあるからこそ地方都市中心市街地の厳しい状況下でも残ってきたが，それらの店舗がコロナ禍でさらに苦境に立たされている．

2. チェーン店の展開と商業空間の均質化・マクドナルド化

【マクドナルド化とは何か】

　前節でも触れたように，特に 1990 年以降は，さまざまな業種・業態のチェーン店が国内外で展開している．このように合理的な企業経営によって一律の商品を提供する店舗（チェーン店）が広がる社会を「マクドナルド化」と表現したのが，アメリカの社会学者のジョージ・リッツアである．少品種大量生産・販売の「規模の経済」の原理を活かし，同一の商品を販売するとともに，従業員の配置や作業を極限まで無駄を省いて合理化し，セルフサービス方式を導入して人件費を抑えることで，支出を減らす．従業員の作業や接客はマニュアル化されることで効率的な教育を可能とし，技術やサービスは一定の水準を保つことができる．

【マクドナルド化のメリットとデメリット】

　このような店舗が社会に広まるメリットとして，消費者は安価で高品質，コストパフォーマンスのよい商品やサービスを購入することができ，どのような商品・サービスが販売されているかといった予測が可能なために安心感・安定感が得られることがあげられる．一方でデメリットとしては，①従業員はアルバイトが中心で頻繁に入れ替わり，接客はマニュアルによって最低限の関わりに制限されているため，従業員と顧客，従業員同士，顧客同士の人間関係が希薄であること，②予測可能なために新しい，珍しい商品を発見する喜びを感じる機会が少ないこと，③まちごとの差異をみせなくなったことで，人間が本来もつ多様な経験への欲求が制限されること，④マクドナルド化した企業が成長すれば，社会は巨大な制御力を行使できる少数のリーダーの掌中に握られてしまうこと，などをあげている（リッツア 1999）．

　③のうち「まちごとの差異をみせなくなったこと」は，地理学においては特に大きな問題であるが，これについては後述する．これにより「人間の欲求が制限される」という指摘は，マクドナルド化の議論の対象となる商業空間だけでなく，現代における都市整備に対しても，哲学者の桑子（2005）による同様の指摘がある．かつては多様な機能を有した道路は通行という活動，スポーツや遊びなど多様な活動の受け皿であった河川敷

は歩行やサイクリングといった活動を行う上で便利な空間に整備されることで，従来は多様な機能を有した空間の役割が限定されている．そのような空間に身を置く人びとは，その空間では行うことができない活動については最初から欲求が生じず，欲求が空間によって構造化しているという．リッツアはチェーン店の進出から，桑子は都市整備のあり方から，空間における人間の経験が制限されていることを問題視している（牛垣 2014）.

④に関連する模式図が図 5.5 である．個々のチェーン店は小規模な店舗も多いが，それらは店長の意思によって立地や取扱商品を決定するわけではなく，本部に勤める少数の権力者に委ねられる．現代のまちはそのような店舗が集積し，一見多様ではあるが，個々の店舗にはほとんど意思決定権がなく，まちはこれらのチェーン展開する大手企業の権力者によって支配されているともいえる状況にある（牛垣 2015a）．チェーン店は，収益をあげる手段として出店場所が決定され，場所に対する特別な思い入れは希薄である．また現場の個別的事情に配慮しないまま，あらゆることが現場と離れた本部で決定される（石原 2006）.チェーン店が進展する以前の大部分の店舗が個人

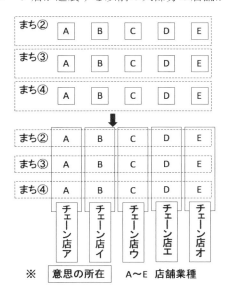

図 5.5　まちにおけるチェーン店の集積の模式図
（牛垣 2015a に一部修正）

店であった頃は，店舗の数や業種などまちの特徴から，まちを含めた周辺地域一帯の顧客層や顧客量などさまざまな特徴を推測することができた（杉村 1975）．言い換えれば，地域の顔であるまちにはその周辺地域の特徴が反映されると考えられてきたが，チェーン店が多くなった現代では，まちは地域性が反映しにくくなっている．

【商業の近代化とマクドナルド化】

リッツアは，このようなマクドナルドが採用しているようなシステムを，行程の簡素化，商品の単純化，セルフサービス，脱人間化の4点に要約しており，この原理が消費社会のあらゆる分野へ浸透しつつある状況を「マクドナルド化」と表現した．これは，官僚制が近代社会のあらゆる組織を貫く原理とした M.ウェーバーの理論を応用したものであり，マクドナルド化は商業の近代化に伴う問題といえる．

確かに日本においても，多くの企業がマクドナルドの経営スタイルを取り入れている．2017 年 7 月 12 日（水）日本経済新聞夕刊では,イベンティファイ社長，ファーストリテイリング監査役，ホスピタリティ&グローイング・ジャパン社長，天丼てんや創業者，ファーストキッチン社長，バーガーキング・ジャパン社長，すかいらーく会長がいずれもマクドナルド出身者であることが紹介され，その合理的な経営を参考にしていることが記されている．

【時代・地域で異なるチェーン店の意味】

もちろん，これらの世界的なチェーン店の展開がもつ意味は，時代や地域によって異なる．現代の東京などにおいては，例えばマクドナルドが新たに出店したとしても，どこにでもある店舗としてとらえられるが，マクドナルドが 1971 年に銀座の三越百貨店へ日本1号店を開業した当時は,同店舗はアメリカ文化に触れることができる場所であり,流行の最先端であった．今日においても,東京などの大都市で人気のコーヒーチェーン店が初出店する県などでは，その店舗は「どこにでも

ある店舗」ではなく,「東京文化に触れることができる数少ない店舗」としての意味をもつ. しかし結局は,地方が東京化すること,さらには日本がアメリカ化することにより,商業空間が均質化していることには変わりはない.

【グローカリゼーション】

世界に進出するチェーン店も,必ずしも,世界中でまったく同じ商品を提供しているわけではない. 例えばアメリカから世界へ進出したマクドナルドは,牛肉を食することができないヒンドゥー教徒が多いインドでは,パティに牛肉は使用せず,野菜と鶏肉が中心となる. このように大手企業の店舗が世界に進出する際に,現地の宗教や食習慣に対応して商品やサービスを変えることをグローカリゼーションという.

日本国内ではお馴染みの居酒屋チェーン店の和民も,香港では日本とは異なる形でサービスを提供している. 中国を含めたアジアでは,食事の際に飲酒をする習慣が少なく,「居酒屋」という形式が馴染まなかった. 一方,メニューはあらゆるジャンルの日本料理を一度に低価格で食べることができて便利であり,看板も「居酒屋 和民」から「居食屋 和民」に変更して成功したという(川端 2021).

グローバル化といわれて久しい今日,企業は世界をマーケットとして活動するが,国や地域によって宗教や嗜好,習慣などが大きく異なるため,ある国で成功した方法が他国で成功するとは限らない. だからこそ国や地域の特徴を理解して,それに合ったビジネスを展開する必要がある.

【マクドナルド化と場所性】

5章の1でみたSCについても,多くは日本および世界中に展開するチェーン店が入居することが多いが,近年では異なる傾向もみられる. 北海道江別市の蔦屋書店では,江別市や北海道の名店が多数入居しており,このSCならではの店舗がみられる. SCも競合が激しく他店舗との差別化が求められる中で,このような戦略が今後のトレ

ンドとなる可能性もある. そうなれば場所性の観点では大きな変化といえる.

このチェーン店が世界的に展開するマクドナルド化の問題は,地理学にとってはより重大である. 地理学とは何か,という問いに対する答えはさまざまだが,西川(1996)は,地表空間構造について,その場所的な差異が生じる理由を科学的に説明することを目指す学問としている. チェーン店の世界的な展開は,上記デメリットの③が示すように,商業に関する場所的な差異が小さくなることを意味するため,場所的な差異とその理由を究明する学問である地理学においては大きな問題といえる.

3. 個人店と自然発生的なまちの特徴

【自然発生的に形成されたまちと伝統的盛り場の特徴】

チェーン店ではない個人店の特徴とは,またSCではない自然発生的に形成されたまちの特徴とは,一体何であろうか. それは日本の伝統的盛り場の特徴を継承する側面がある. まず自然発生的に形成されたまちは,多数の主体者によって構成され,空間に大きな影響力をもつ管理者はいない.そのため空間の機能は曖昧で多機能的である. 自由な空間のため誰でも出入りが自由で,不特定多数の人びとが集まる. そこでは多様な商品やサービスを発見する楽しみが享受できる. 管理されない空間であるため,人びとの行動や振る舞いも自由で,勝手に音楽を奏でたり踊ったりする人びとも現れ,来訪者はそのような偶然の出来事も楽しみとする. 客引きの声や囃子の音,屋台の味や匂いなどが五感を刺激し,来訪者はそのような雑然とした空間の中で,慰楽的気分を楽しむ(表5.1,牛垣 2015a). このように,自然発生的に形成されたまちは日本の伝統的な盛り場と似た性格をもっており,今日のSCにはない魅力がある.

【個人店の特徴】

そのようなまちを構成するのが個人店である.

表 5.1　日本の大都市および SC・SM における商業空間の性格と
人びとによる空間的経験（牛垣 2015a に一部修正）

	伝統的盛り場	同業種型商業集積地	大規模商業地	SC・SM
主体者	多数	多数	多数	単独（少数）
管理	無	△	△	有
個人商店	多	多	少	少
チェーン店	少	少	多	多
契機	自然発生的	自然発生的	自然発生的	計画的
機能	曖昧・多機能	明確・単一	明確・多機能	明確・多機能
雑然性	多	△	△	少
清潔感	不潔	－	－	清潔
重視される感性	五感	－	－	視覚
来訪者	不特定多数（男性中心）	特定（同趣味）	不特定多数	特定（女性・家族中心）
グループ	一人・友人家族など様々	一人・友人	一人・友人	家族・友人
商品を発見する喜び	多	多	少	少
ぶらつき	多	多	少	少
慰楽的気分	多	－	多	少
行動・振る舞いの自由	自由	△	△	制限
店員と来訪者の関わり	多	多	少	少
人との偶然の出会い	多	少	少	多（地方）
偶然の出来事	多	少	少	少

SC はショッピングセンターを，SM はショッピングモールをそれぞれ示す．
大規模商業地は，新宿や渋谷など大都市の上位階層に位置づけられる商業地を想定する．
　　　　　　　は伝統的盛り場の性質．

個人店では，店主が好きな商品を長年扱うため，商品に対する知識と情熱があり，常連客はその店主との関わりから得られる情報も目当てとして訪れる．例えば，裏原宿のジーンズ専門店の店主は，ジーンズのよさについていくらでも語れる知識と情熱があり，顧客も商品を眺めるだけでなく店主との情報交換を楽しみに店を訪れる．そのように関与できる店舗が多い吉祥寺，下北沢，高円寺などが人気のまちとなっている（三浦 2004）．商品に対する知識があり，客とコミュニケーションできる個人店の特徴を活かした商店街活性化事業が，店員が商品の知識をゼミナール方式で伝授するまちゼミである（内藤 2017，2021）．また，ユニクロなどの大企業が提供するポピュラーな消費文化に対して，そこから自立した独立系ストリート・カルチャーを「消費下位文化」（三田 2007）として，文化的価値を見出す見方もある．

【場所性と思い出】
　5 章の 2 でみたように，場所的な差異が消失することは，人びとにとっても経験や生きていく上での豊かさを失うという点で大きな問題である．人が何かの経験を思い出す際，行為の背景となる風景がある．その風景に意味がなくなることは，思い出に対する思い入れの度合いも弱まると考えられる．経験には，「誰と」，「何を」，「どこで」行ったか，という 3 要素があり（図 5.6），これらがいずれも固有の要素であれば，思い出として強く脳裏に刻まれるが，ひとつでも要素が欠落すると，思い入れの度合いは弱まる．例えば，単純な計算ではあるが 2×2×2 が 8 であるのに対して，2

図 5.6　経験の 3 要素（牛垣 2020b）

×2×1が4であるように，その経験の思い出の度合いは弱まるように思える（牛垣2020b）．

　著者自身の経験を振り返っても，例えば飲食店で強く思い出されるのは，明大前の中華店「上海」，桜上水のとんかつ屋「山路」，江の島の海鮮屋「藤波」，高崎の洋食店「栄寿亭」，矢向のカレー屋「バハ・マール」など，友人や家族と好んで通った個人店が思い出される．今日，子どもが好むためによく利用する近所の回転寿司チェーン店は，閉店した場合は不便に感じるものの，別の店舗があり，利用していた店舗への思い入れは弱いため，思い出の度合いとしては弱いであろう．チェーン店は，規模の経済の原理により，コストパフォーマンスのよい商品を提供し，消費者にとっても有り難いが，その代償として個人店が淘汰されてなくなれば，思い出という形でもたらされる固有の背景・風景という価値を失うこととなる．

【個人飲食店の意味】

　個人店の存在意義は，飲食店では一層高まる．例えば，チェーン店は薄利多売の無骨さが出るため，ビール一杯で粘る客を相手にしないために論外（川本1987）という．日本の居酒屋やイギリスのパブ，フランスのカフェなどを，人びとが集い楽しむ場を「サードプレイス」としてとらえる見方もある．これは，家庭と仕事の領域を超えた個々人の，定期的で自発的でインフォーマルな，お楽しみの集いのために場を提供する，さまざまな公共の場の総称である（オルデンバーグ2013）．個人飲食店において，客と店員や客同士によるコミュニケーションは大きな醍醐味である．それを求めて飲食店を経営する人も多いが，そのような飲食店では観光客のような一元客が増えすぎて常連客が来づらくなることを嫌う傾向にもあり，観光客の誘致に積極的でないために経営状況はよくない場合も多い（牛垣ほか2019，原田・牛垣2022）．

　なお個人飲食店の意義は，人と人とのコミュニケーションのみならず，ひとりで楽しむ空間としての意義もある．それは中年男性がひとり飯を楽しむ『孤独のグルメ』（テレビ東京系）が2021年までにシーズン9を数える人気シリーズとなっていることからも伺える．

4．まちの意味づけ―聖地巡礼やポケモンGO―

　5章の2でみたようなチェーン店の進展（マクドナルド化）によって，商業空間の場所による差異が小さくなったことは間違いない．差異が小さくなった個別のまちから，そのまち固有の意味や価値を見出すのは容易ではない．均質化したまちへ集まる若者は，まちそのものに価値や意味を求めるのではなく，そこでたむろしたりナンパして遊んだりといった自らの行為や（杉山1999），路上ライブ等のパフォーマンスの機会を通じた即自的な関わり合いにより（山口2002），均質化した都市空間（まち）に自ら意味を付与するともいわれる．

　油井（2003）は，マクドナルド化の議論の中で，例えばチョコレートもバレンタインデーの際は特殊な意味と消費パターンをもっており，世界のマクドナルド化もこうした意味づけによる変容を免れないと指摘する．確かに，近年の消費・娯楽行動の中には，人為的にまちを意味づけたものが多い．代表的なものは，人気アニメの舞台となった地域をファンが訪れる「聖地巡礼」であろう（1章の4）．聖地に訪れる人びとは，元々の地域に興味関心があるわけではなく，あくまでアニメのファンであり，アニメ制作会社によってその地域に新たな価値が付与されたことが，地域を訪れる動機となっている．今日では，一般社団法人アニメツーリズム協会によって国内88か所の聖地が人気投票によって選定されている．日本のアニメは世界的にも人気があり，国内における貴重な観光資源と位置づけられている．ただし，ファンが訪れるのは短期的な場合もあり，まちづくりやまちの活性化においてこれをどのように活かすかという点には課題もある．

　スマートフォン向けの位置情報ゲームアプリ

「ポケモン GO」もまちの「意味づけ」の事例といえる．このアプリは，日本では 2016 年の発売時には大きな話題を呼び，貴重なポケモンが出現する地域には多くの人が殺到した．通常はほとんど人が訪れない夜の鳥取砂丘に，スマートフォンを片手に多くの人びとが訪れたことがニュースにもなった．これも，普段は興味関心がもたれることがないような場所に，アプリ制作会社によって価値が付与された事例といえる．これを活かした観光客の誘致に動き出す自治体もあったが，この人気や話題性も今日では発売当時と比べると落ち込んでいるため，聖地巡礼と同様，まちの活性化に活かすには持続性の点で課題がある．

5. まちや商業施設に対する空間の演出
【日本におけるまちの演出のはじまり】

まちをあるコンセプトに基づいて演出し，特定のターゲット層を引きつける戦略は，1970・80 年代の渋谷・パルコを典型として展開された．パルコによる空間の演出とは，まちをセグメント化・ステージ化すること，それにより価値観の似た者同士を集めること，「いかに入りやすい店をつくるか」から「いかに入りにくいか」へと変えることを意味する．これにはメディアの影響も大きく，1970 年代以降に成長したファッション誌などが，複雑化した東京で台本の役割を担い，人びとによる場所の選択や行動が，地理的な近接性よりもメディアによって秩序づけられるようになったともいわれる（吉見 1987）．80 年代に増加したという一見入りづらく「わざわざ」入らなければならない店舗は，不特定多数の人びとが行き来する駅付近ではなく，駅から 600m ほど離れた場所に，特定の人をターゲットとして立地する傾向にあることも指摘されている（博報堂生活総合研究所 1985，図 2.3）．

【ディズニー化とは】

この空間の演出は，今日では SC や大型店などさまざまな商業空間において実践されているが，

これらの多くはディズニーランドの空間演出がモデルとされている．空間演出が社会へ広がる現象を「ディズニー化」と表現したのがアラン・ブライマンである．彼によると，ディズニー化といえる現象のポイントとして，歴史と場所の歪曲，子どもの操作（消費中心主義を覚えこませる元凶として），消費者の操作，労働者の感情捜査，搾取労働，土地と自然環境の破壊（自然やその土地本来の魅力の排除），都市の衰退，半市民の創造をあげている（ブライマン 2008）．

【演出空間の排他性と風景の概念化】

5 章の 1 で触れたように，空間の演出が施された SC は公共的でないという議論もある．例えば，排他的な空間である種の人びとの来訪を阻止していることや，警備員が巡回し自由な振る舞いができないこと，政治性を帯びた活動ができないこと，そこでの出来事があらかじめ害のないものへと品質管理されていることが指摘されている（斎藤 2005）．SC は家族連れが多く単身者一人では行きづらいという面もある（南後 2013）．このような，安全や秩序といった価値基準に照らして好ましくない出来事が生じることを未然に防ごうとする監視のあり方は，「予測できない出来事の生来」という社会における潜在的な可能性を排除しようとする点で，究極的な意味で「自由の侵害」であるとの批判もある（阿部 2006）．以前では非日常の体験が求められたレジャー行動でも，現代では安全に快適に過ごしたいという欲求が大きいことからこのような規律が持ち込まれており（神田 2009），この原理がさまざまな商業空間においても適用されている．地方都市では SC が若者にとっての集いの場となっており（杉山 2008），SC へ行くと誰かと会え，SC が広場的な役割を果たしている面もあるが，この「予測できない出来事」が未然に排除されている点は，日本の伝統的な盛り場や西欧都市の広場とは異なる部分といえる（牛垣 2015a）．

演出が施される SC は，大規模な人工物である

がゆえに，文化的・風土的条件から解放されてあらゆる使用に柔軟に対応できる空間であり，だからこそ管理主体が能動的に秩序を書き込むことができる（若林2003）．しかし六本木ヒルズと汐留シオサイトが同一の設計会社がデザインするなど（速水2012），書き込まれた結果として存在する全国のSCはどれも似通ったデザインと店舗構成になる場合も多いため，結局は商業空間の均質化が進むこととなる（牛垣2015a）．

また，空間を特定のコンセプトで整備するのは，商業空間だけでなく，都市空間全体でもみられると指摘したのが，5章の2で触れた桑子（2005）である．例えば公園にバードウオッチング施設を設ければ，人びとはバードウオッチャーとして振舞うことが要求される．空間に対応した身体も概念化されることとなり，これを「風景の概念化」と表現した．商業空間も都市空間も，行動の自由は，空間を創造・管理する人間のコンセプトという限られた範囲内でのみ認められている．

【マクドナルド化の影響とポストモダン的文化】

このような空間の演出がさまざまなまちや商業施設で行われるようになった背景としては，ひとつは5章の2で述べた「マクドナルド化」に伴うまちと消費活動の均質化により，差別化されたまちや店舗での経験が求められた点があげられる（ブライマン2008）．マクドナルド化は商業や消費の分野において近代的な合理化が進展したことで生じたが，空間の演出はその反作用として生じたポストモダン的な文化の一側面ともいえる．

ポストモダン的文化の特徴としては，①脱合理主義：非効率的行為で，楽しいことや美的なことに意味や価値をおく，②脱構造化：価値観や規範の相対化（例えば耳以外にピアスをつけるなど）や流動化（短期的な流行に左右されるなど），③シュミュラークルの優越化：模倣や複製化，があげられる（間々田2007）．例えば東京・お台場の再開発ビル内につくられた昭和のまち並み（図5.7）やヨーロッパのまち並みは，均質化された

図5.7　東京・お台場のDECKS Tokyo Beachにつくられた昭和のまち並み（2009年2月撮影）

現代のまちとは差別化されたまちを人工的につくるための過去の模倣・複製化といえる．

6．まちと権力の関係

日本が法治国家である以上，まちも都市計画法，建築基準法，風営法（風俗営業等の規制及び業務の適正化等に関する法律），道路交通法など，さまざまな法律の影響下にあり，法律の制定や改正はまちにも大きな影響をもたらす．例えば1998年に中心市街地活性化法が公布されると，岡山県津山市の中心市街地ではその適用を受けていち早く都市再開発事業が展開された（山下2001）．区域区分制度や開発許可条例などの都市計画制度の改正によって，岡山市縁辺部ではロードサイド店の立地変化が生じた（荒木2011）．

行政とまちとの関係としては，SCなどの大型店の立地に際して，行政によって都市計画法における用途地域が変更されたり，地区計画が設定されたりすることで，その立地が可能となる場合もある（箸本・米浜2009，牛垣ほか2020）．また娯楽施設であり，近隣住民にとっては迷惑施設でもある競艇などのギャンブル空間は，行政によって生成・統制される側面もある（寄藤2005）．

歓楽街の要素であるパブで働く人びととして，フィリピン人女性たちが再生産される背景には，外国人を厳しく規制する日本において，それを可

能とする入管法（出入国管理及び難民認定法）が関わるとともに（阿部 2005），そのようなエスニック空間は警察や入国管理局によって管理・構築される側面がある（阿部 2003）．

　大都市のまちの中では，時折路上でライブやダンスなどのパフォーマンスを行う若者たちを目にする．このような活動をしないまでも，多くの若者が集まってたむろすることで，公共空間を占拠する場合もある．これらの行為は，まちに賑わいをもたらす場合もあるが，通行という道路の本来的な機能を妨げる行為として，厳密には道路交通法違反となる場合もある．彼ら・彼女らは，それらの法的な規制に加え，警察による統制や管理を受けつつも，それらの規制や監視の網の目を縫う形でしたたかに活動することで，均質化と没価値化が進む都市空間に意味を付与している（山口 2002・2008，三木 2006，市川 2009）．

　そのほか，地域やまちの形成に際して大きな役割を担った人物や企業は，その後も影響力をもち続ける場合もあり，戦前の軍港都市横須賀を対象に地域権力者との関係性に着目するまちの見方もある（加藤 2010）．

7. メディアとまちの関係
【マスメディアとまちの関係】

　人は消費活動を行う上で意識的・無意識的にテレビや雑誌，SNS 等のメディアの影響を受けるため，メディアは人びとの消費活動を規定し，まちに影響をもたらす．例えば，渋谷のパルコ周辺における若者のまち化（6 章の 2）は，『an・an』（マガジンハウス）や『non-no』（集英社）といったファッション誌の台頭が影響している（吉見 1987）．今日，巨大化・複雑化した大都市において，雑誌メディアはどこで何ができるかを教える台本の役割を果たしたともいわれ（吉見 1999），さまざまな人文社会科学においてメディアとまちとの関わりに着目してきた．メディアは読者に対してライフスタイルを規定するとともに，文化的自我

の形成に重要な役割を果たす（成瀬 1993）．まちがつくられ，メディアに掲載され，それにより若者を引き付け，さらにまちが変わっていく，というように，メディアとまちが相互螺旋的に影響を及ぼしあうこともある（三上 1997）．お互いにファッションを参照し合う若者，メディア，店舗という三者が相互に影響を与えるといった関係性によって，ストリート・ファッションがつくられる場合もある（川口 2008，8 章の 4）．

　また 5 章の 4 でも触れた聖地巡礼は，アニメというメディアによってまちに新たな価値が付与された典型的な事例といえる．例えば「ガールズ＆パンツァー」（制作：アクタス）の舞台となった茨城県大洗町では，放送開始以降来訪者が増加しており，ファンを受け入れる体制を整えることが個々の店舗の売り上げ増加の鍵となっている（石坂ほか 2016）．ただしアニメ放送終了から時間が経過すると急激に来訪者が減少することや，来訪者のマナーの問題など，聖地とされる地域の多くも問題を抱えている（山元 2015）．

【SNS の普及と消費活動への影響】

　これまではその影響力の大きさから，マスメディアとまちとの関係については多くの研究で扱われてきたが，近年では SNS（ソーシャル・ネットワーク・サービス）が普及し，その店舗やまちへの影響が大きくなっている．写真映え（いわゆる「インスタ映え」や「フォトジェニック」）するスイーツが人気となって繁盛する店，ハート形の絵馬が話題となり人を集める神社，その影響で繁盛する参道の屋台など，今日の店舗や観光地が集客するうえで SNS の影響力は絶大である．コストパフォーマンスのよいチェーン店に客を奪われていた昔ながらの個人経営の喫茶店も，昭和レトロブームの中で再び人気となっている．高齢の経営者が，最近常連になった若い客に経営を引き継ぐような事例も耳にする．国内最大のコリアタウンとして知られる東京の大久保においても，若者の間で共感できる情報が SNS で交換されるた

め，今日では若い日本人の消費文化や嗜好に合わせた韓国文化が再生産されている（金2018）．アニメのまちとして知られる大阪の日本橋では，いわゆるオタクと呼ばれる人びとにとって自己表出の場であるSNS上でのやり取りから，彼ら・彼女らがまちづくりの主体に取り込まれたという（和田2014）．ただし，これらの流行性のものは変化も早く，例えばインスタ映えのための消費活動の初期に話題となったリムジンに乗車して写真を撮るといったサービスはすぐに古くなって利用されなくなり，「ダサい」とすらいわれるようになる．

今日では，店舗で提供される商品やサービスは，インターネット上での紹介や書き込み，評価を表す点数などで示されるため，消費者は店に入ることなく，望む商品を探すことができる．かつて飲食店は不特定多数の人びとをターゲットとし，客は店舗の外観からその場の気分に任せて店を選択することが多い業種であったため，人通りの多い道路沿いに立地することが重要であった．近年ではグルメ情報サイト「食べログ」や「ぐるなび」などの存在により，人目につかない場所にあってもグルメサイトで高評価を得ている店はその存在が知られ，新規の顧客を取り込むことができる．大宮駅周辺に対する研究において，インターネットをうまく活用している店舗では，むしろ人通りは少ないが地価が安い裏通りや駅から離れた場所に立地する飲食店の方が，経営状況がよい傾向がみられた（原田・牛垣2022）．

SNSの普及により，人と人との関係も変化しており，従来の血縁や地縁，組織に基づく関係以外でも，同じ趣味をもつ人同士が結び付くことも可能となった．このようなツールがある時代では，3章の1でみた中心地理論で説明できるような大きな中心地へ人が集まるばかりではなく，どんなに小規模であっても，人びとの関心ある店舗やイベント会場に分散して集まるようになるとも考えられる（三浦2012）．

8．交通インフラの整備に伴うまちの変化

交通インフラの整備は，まちに大きな影響をもたらす．日本全国において都市が発達した大きなきっかけのひとつは，江戸時代の五街道や参勤交代制度の整備といわれており，これによって徒歩交通における休憩地として宿場町や城下町が発達した．また舟運も活発であり，渡し船が発着する渡船場周辺の宿場も発達した．これが明治期以降の近代化の中で鉄道交通網が整備されると，4章の3でもみたように，駅が開設されたまちはさらに発達した．都市や地域における賑わいの中心は，本陣・旅籠・問屋場などが集まる江戸期の主要街道よりも，新設された駅の付近に新たな店舗が立地したまちへと徐々に移っていった（岡島2001）．これらは「駅前集落」とも表現されてまちの中心地としての役割を担っていくのに対して，駅が開設しなかった旧宿場町などは活気を失った（中島1986，1992）．鉄道の開通は舟運にも影響を与え，例えば総武線の開通によって利根川水運が衰退し，銚子港に近い松岸河岸付近の遊郭も昭和初期に終焉した（加藤2004）．高度経済成長期以降は，モータリゼーションとともに郊外にバイパスが建設されるとその沿道にロードサイド店やSCが立地して消費者を取り込み，中心市街地のまちは衰退した．瀬戸大橋などの大規模な橋梁の建設も，それ以前は賑わっていた渡船場付近のまちの衰退をもたらした（杉村1991）．

まち内部における交通インフラの整備の影響力も大きい．例えば駅周辺にペデストリアンデッキがつくられると，駅へ向かう人びとと，駅から出ていく人びとの導線（2章の5）が変わり，店舗の分布や性格が変わり（杉村1993b），まちの構造が変化する可能性もある．同様に，大都市においてまちを分断している線路を高架化・地下化することでそれを解消する再開発も行われており，それが実施された東京の下北沢などのまちでは，その構造が大きく変わる可能性もある．

2部

【実践編】

まちを歩く・みる・考える

6章　東京のまち

1. 神田

【大学の立地とまちとの関係】

　かつて神田の一帯には，多くの大学が立地した
ことにより，就学の地として，また居住地として
多くの若者が集まった．その影響で，若者たちに
よって利用された古本屋やスポーツ用品店，楽器
の専門店が神保町やその周辺に立地した．神田
は，かつては東京で最も多くの喫茶店が集積する
まちであり，今も昔もコストパフォーマンスのよ
い飲食店が多数存在する．このようなまちは若者
たちにとって魅力的であり，その居住環境を求め
てさらに多くの若者が居住すると，よりマーケッ
トが広がるためにこれらの若者向けの店舗が一層
増加する．このように「若者のまち」の発展とい
う点では好循環が生まれることとなる．この歯車
のにおいて重要な役割を担っているのは大学であ
るが，今日では東京の郊外などほかの地へ移転し
た大学も多い．また地価の高騰やオフィスビル
等の立地によりアパートも減少したことで，この
地に居住する大学生も減少し，かつてほどは学生
街としての特徴は薄れたようにみえる．コストパ
フォーマンスのよい飲食店は，今日ではサラリー
マンの空腹や懐に優しい店舗としての意味合いが
強い．

　これら学生街としての神田のまちの要素を関連
づけて模式的に示したのが図 6.1 である．明治期
から大学が多数立地したことで若者が集まり，そ
れがこのまちのさまざまな側面へ影響をもたらし
た．このまちの構造を把握するには，大学を中心
として動態地誌的にとらえると理解しやすい．動
態地誌は，2 章の 4 で触れたように中学や高等学
校の地誌学習で学ぶ地域のとらえ方であるが，そ
れは神田というまちを理解する際にも有効であ
る．

【大学の集積の背景】

　では，そもそもなぜ，多くの大学が神田に立地
したのであろうか．そのきっかけは江戸末期に遡
る．江戸末期の開国以来，洋学を取り入れる必要
性を痛感した幕府は，天文方に設けていた蛮書和
解御用を拡充し，1856（安政 3）年に，現在の九
段下の昭和館の場所に蕃書調所を設けた．現在も
この地には建立の碑が立っている．これがやがて
神田一ツ橋へと移って洋書調所に，さらに開成所
と名称を改め，1869（明治 2）年に大学南校と改
称して東京大学の前身となった．江戸末期の江戸
切絵図には，一ツ橋御門外に「蕃書調所」の記述
がみられる（図 6.2）．官立大学であった東京大学
がこの地に開設したことが，その後，神田に多く
の大学が集積する大きな契機となった．現在，こ
の地の一角に旧七帝大と京城帝国大学および台北
帝国大学の卒業生等で組織された学士会によって
建設された学士会館が建っており，その前には「東
京大学発祥の地」の碑がある．開成学校のアメリ
カ人教師によって伝わった野球がこの地で初めて
行われたことから，「日本野球発祥の地」の碑も
ある．

　また東京大学のみならず，現在の東京外国語大
学や一橋大学，学習院大学もこの地が発祥として
いる．1883（明治 16）年の地図からも，これら
の大学が立地していた様子が読み取れる（図 6.3）．

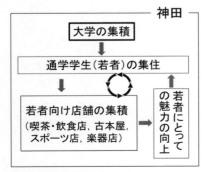

図 6.1　動態地誌的にとらえた 1970 年代の
神田の構造（牛垣 2016 より一部修正）

図 6.2　江戸末期における蕃書調所の位置（尾張屋版
江戸切絵図　飯田橋・駿河台・小川町絵図）

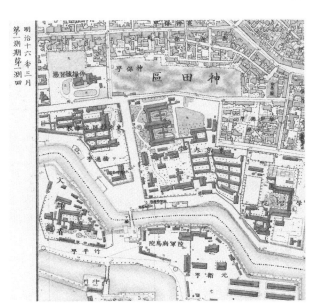

図 6.3　大学が集まる明治期の神田一ツ橋
（参謀本部陸軍部測量局　五千分一東京図測量原図
「東京府武蔵国麹町区大手町及神田区錦町近傍」）

このほかにも，現在の法政大学や明治大学が神田
駿河台で，中央大学が神田錦町で，専修大学が神
保町で，日本大学が飯田橋で開設するなど，多く
の私立大学も立地した．これらの大学の多くは法
律家を育成するための法律学校から始まるが，当
時は少ない教師が複数の大学を掛け持ちしたた
め，また路面電車が敷設される以前であったため，
大学は近接して立地する必要があった．

　神田における大学の立地には別の系譜もある．
現在の JR 御茶ノ水駅の北方の東京医科歯科大学
のある一帯には，江戸幕府における学問の府で
あった昌平坂学問所が立地していた．明治期に入
ると新政府に引き継がれ，後にこの学問所は廃止
されるが，そこに 1871（明治 4）年に文部省が設
置されたことで「近代教育発祥の地」の碑が立っ
ている．翌年には現在の筑波大学である師範学校
が，さらに後には隣接地に現在のお茶の水女子大
学である東京女子師範学校が開校した．これらの
大学の立地は，昌平坂学問所との関わりがあり，
先の洋書調所や東京大学との文脈とは異なる．

　神田へ大学が立地した背景には，以上のほかに

も，神田は江戸時代には旗本屋敷が多く，その末
期には寺子屋や私塾，剣術道場が多く立地したこ
とが影響したとも考えられる．当時は文武両道の
考え方が浸透しており，私塾と剣術道場が近接す
る場合も多かった．例えば江戸三大道場の一つと
される北辰一刀流宗家の千葉周作の玄武館と，千
葉と親交のあった東條一堂の瑶池塾も近接してお
り，千代田区神田東松下町 24 の旧千桜小学校の
一角には両者の顕彰碑が立っている．司馬遼太郎
は『世に棲む日日（一）』（1975 年，文春文庫発行）
の中で，江戸末期に神田一帯で多くの私塾ができ
たことで，明治期以降に多くの大学が集まること
につながったと説明している．江戸末期の私塾と
明治期以降の大学との因果関係については具体的
に示されていないが，江戸時代からこの地が学問
の地としての性格を有し，若者が集まっていたこ
とが影響した可能性もある．

【専門店街の形成とその背景】

　大学に通う学生向けの店舗として，図 6.1 の通
り古本屋，スポーツ用品店，楽器店が集積し，そ
れぞれ専門店街を形成したが，これについて詳し

68

図 6.4　北向きに店舗を構える神保町の古本屋街
（2012 年 4 月撮影，牛垣 2016）

くみてみよう．

　神保町は古本屋の規模としては世界一ともいわれるが，この形成は明治期に遡る．当時の大学の教師はお雇い外国人が多く，教科書は洋書が使われた．当時も今も，洋書は値段が高いため，学生はこれを古本屋でできるだけ安く購入し，授業が終わると古本屋へ売却し，翌年に同じ授業を受講する学生がこれを購入した．このように学生にとって古本屋は今以上に必要不可欠な存在であり，先進国に対して後発型であり欧米の学問を取り入れる必要のあった日本において，世界最大

ともいわれる古本屋街が形成されたのもうなずける．なお，神保町の古本屋は主に靖国通りの南側の沿道に立地しており，北側にはほとんどみられない（図 6.4）．南側の店舗は北向きであり太陽光が直接当たらないため，本の日焼けを防ぎたい本屋にとっては都合がよい．都市部における店舗の立地に対して自然条件が影響をもたらす事例のひとつといえる．

　古本屋街を東に進むと，同じく靖国通り沿いにスポーツ用品の専門店街が現れる．元々この一帯には道具屋や靴屋が多かったが，戦前に学生たちの間で登山ブームが起こり，登山用品の専門店が増えたことが，専門店街の形成のきっかけといわれる．例えばミナミスポーツは洋靴屋から始まったという．昭和 30 年代にはアイススケートブーム，昭和 50 年代にはスキーブームが起こり，そのような若者のニーズの変化に伴いこれらの専門店も品揃えを変えたという（佐藤・ぶよう堂編集部 2008）．いつの時代でも若者は流行に敏感であり，その若者をターゲットとしたまちでは，常に流行の変化に対応した，もしくは流行を先導し流行を生み出す形で，商品やサービスが変化している．

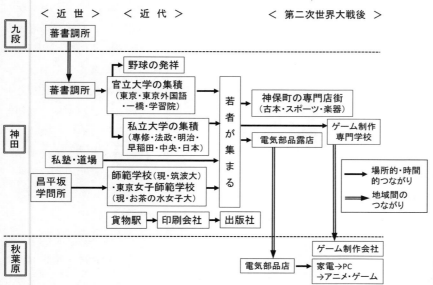

図 6.5　神田における学生街の形成過程（牛垣 2016）

靖国通りから JR 御茶ノ水駅へ向かう明大通り沿いには多くの楽器専門店が立地する．これは高度経済成長期に集積したといわれており，1960年代以降のフォークソングやロックブームの時期に対応している．

最後に 6 章の 6 でも取り上げる秋葉原との関係についてみる．これまでみてきた神田と同様，秋葉原も若者のまちとして認識されてはいるものの，大学との関係が強い神田と，アニメなどとの関係が強い秋葉原とは似て非なるものに写るが，実は両者にも関係がある．戦後の秋葉原にラジオ関係の店舗が集積したことの一因として，戦後，神保町に東京電機大学の学生をターゲットとしてラジオ関係部品を扱った露店が増え，GHQ による露店撤廃命令の際にこれらが秋葉原へ移転することとなった（牛垣 2013）．戦後の秋葉原においてラジオ関係の店舗が集積した理由はこれだけではないが，神田に大学が集積したことと戦後の秋葉原にラジオ関係の店舗が集積したことには関係性がある．

図 6.5 は，ここまでみた学生街としての神田の変化を模式的にまとめたものである．このように主要な要素の関係性を線や矢印で繋げて関係性をまとめると，現象の因果関係や，地域の構造とその変化を理解しやすくなる．

2. 渋谷

【地名と地形】

渋谷というまちの名称は，このまちを縦断する渋谷川に由来する．渋谷川やその支流である宇田川の浸食作用によってつくられたのが渋谷の谷地形であり，これによって，道玄坂や宮益坂，俗称ではあるがスペイン坂など，渋谷には坂が多い．これを示した図 6.6 をみると，渋谷駅の東側には地下鉄（銀座線）の線路がみられる．地下鉄にもかかわらず，渋谷駅では 3 階にそのホームがあり（図 6.7），これも渋谷川がつくった谷の存在によるものである．地形の起伏が豊かであったことも

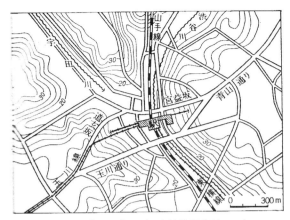

図 6.6　渋谷の地形（日本地誌研究所 1967）

図 6.7　地上 3 階にある地下鉄銀座線の渋谷駅
（2021 年 11 月撮影）

影響して，渋谷では比較的大規模な開発が遅れていたが，近年では駅周辺で 100 年に 1 度といわれる再開発が行われて複数の高層ビルが建設され，大きく変貌している．

【東急王国と西武系パルコ】

3 章の 1 でもみたとおり，渋谷はここを発着する東急東横線・田園都市線のターミナル駅であり，駅の周辺には東急百貨店や東急プラザ，渋谷 109（トウとキュウ）といった商業施設が立地するなど，「東急王国」と呼ばれていた．そこへ西武電鉄系のグループであったパルコが，渋谷駅からは 500m ほど離れた場所に立地してきた．パルコとしては，ただでさえアウェーの地であり，駅から離れた場所へ立地する商業施設へ人を呼び込むためには，戦略が必要であった．店舗周辺の電話ボックスをおしゃれにするなどファッショナブルな空間にすることで，若者が好み，逆に若者以外は行

70

き辛く感じるような空間を演出した．ターゲット
を絞ることは，それ以外の消費者を排除すること
につながる．今日では，多くの商業・娯楽施設に
おいて主とするターゲットが設定され，それを踏
まえて空間が演出されるが，この渋谷パルコによ
る空間の演出以降，まちの演出が商品を売るため
の不可欠の要素として注目されることとなる（吉
見 1987）．これ以降，渋谷は「若者のまち」とし
て，そのほかのまちと差別化されたまちとして強
く認識されることとなる．ファッション誌の発行
（5 章の 7）も相まって，渋谷は若者ファッション
を「見る・見られる」場となり，そのための空間
演出として，渋谷パルコ 1 階には日本初のガラス
張りのカフェがつくられた（南後 2016）．

【チェーン店の集積と渋谷における意味】

　このようにいち早くまちが差別化された渋谷に
おいても，5 章の 2 でみたチェーン店の進出に伴
う商業空間の均質化が進行している．渋谷におけ
る若者ファッションの代表的店舗である渋谷 109
の近隣にユニクロや H&M が立地することが象徴
するように（図 6.8），2010 年代にはフォーエバー
21 や ZARA なども進出し，渋谷には世界的なファ
ストファッションブランドが集積していた．JR
渋谷駅前のスクランブル交差点からは，同じく全
国チェーンのスターバックスコーヒーやレンタル
ショップの TSUTAYA が目に入る．繊細な空間の
演出によってまちの差別化をいち早く図った渋谷

図 6.8　渋谷 109 と周辺のファストファッション
（2010 年 3 月撮影）

でさえも，地方都市郊外のロードサイドにみられ
るような全国チェーン店が進出し，「価格の際限
ない均質化，郊外化と変わらない剥き出しの市場
の論理」（吉見 2005）が展開するともいわれる．

　渋谷におけるこれらのチェーン店の進出は，渋
谷というまちの個性を消失させたととらえること
もできるが，一方で，若者のまちだからこそ，コ
ストパフォーマンスのよいファストファッション
ブランドがどこよりも集積しており，若者のまち
としての文脈は引き継がれているとも解釈できる．

【スクランブル交差点からみる渋谷】

　近年では，若者のまちとしての渋谷らしさは，
どのような形で表われているであろうか．渋谷の
店舗や提供される商品・サービスにらしさが表れ
るというよりは，若者たちが，ハロウィンの際に
仮装して集まる様子や，サッカーワールドカップ
などの際にスクランブル交差点でハイタッチをす
る様子，その交通整理をする DJ ポリス，コロナ
禍で路上飲みをする様子などがマスメディアに
よって放送され，視聴者のイメージをつくってい
る．渋谷というまち自体に若者のまちらしさがあ
るというよりは，若者のまちという文脈の中で，
東京の若者の象徴として彼ら・彼女らの振舞いが
注目される場所になっているようにも思える．一
方，社会学の南後は，かつての「見る・見られる」
場としての渋谷が，再びスクランブル交差点に表
れていると解釈している（南後 2016）．

3．原宿

【ファッションタウンの形成】

　表参道，竹下通り，明治通り，キャットリト
リート等のウラハラを含めた原宿の一帯は，世界
的な高級ブランドが集積するとともに，中小規模
のブランド店が「カワイイ」文化の発信源となっ
て国内外で人気を得るなど，国内最大級のファッ
ションタウンとなっている．原宿はどのような過
程でファッションタウンとなったのか．図 6.9 は
1955 年当時の原宿周辺を示した地図である．現

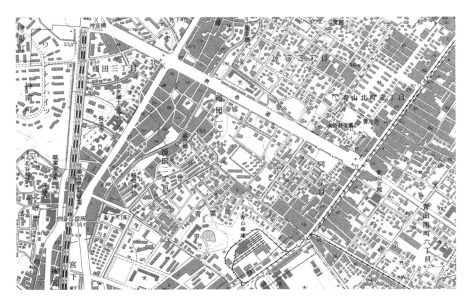

図 6.9　1955 年当時の原宿
周辺の様子
（1 万分の 1 地形図「三田」
1958 年発行）

在の代々木公園の場所には，在日米軍やその家族が居住したワシントンハイツがおかれていたことがわかる．明治神宮への参道としてつくられた表参道には，彼ら・彼女ら向けに英語の文字を看板に掲げた店舗が立地した．それが西欧文化への憧憬の心理を招き，当時としては最新の流行を発信していた．大型店のパレ・フランスは最高級の商品を扱い，皇族やタレントが利用した．そこに一般女性たちが集まり，これによって竹下通りに店舗が集積した．ラフォーレ原宿が開業するとその前は若者のたまり場となり，これが原宿を本格的なファッションタウンに成長させた．『an・an』（マガジンハウス）や『non-no』（集英社）の創刊以降，原宿プラザ，原宿ピアザビル，ジョセフ・マグニン・ジャパンなどの大型店が出店し（松澤1986），2000 年以降は表参道沿いに世界的な高級ブランド店が立地した．

【欧米との関係と風土】

　上記のように，横浜の元町（7 章の 2），大阪のアメリカ村（8 章の 3）と同様，まちがファッションタウンとなるきっかけは，外国文化との関わりから生じる場合が多い．図 6.10 は 1980 年代初頭の表参道におけるオープンカフェの様子である．欧米系の人びとが集まっており，日本語で書かれ

図 6.10　1980 年代初頭における表参道のオープン
カフェの様子（『別冊るるぶ東京の旅』1983 年発行）

た背後の看板がなければ，ここが東京だとはわかりづらい．オープンカフェは，最近では東京でもみられるようになったが，かつてはそれほど多くはなかった．この図の欄外には「ちょっと外国の，それもスペインあたりを思わせる」と書かれているが，スペインは地中海性気候で比較的降水量は少なく，例えばバルセロナと東京の年降水量（統計期間は 1991 ～ 2020 年）を比べると，東京が1598.2mm に対してバルセロナは538.9mm であり，東京はおよそ 3 倍である．今日では，おしゃれな雰囲気を演出する手段としてオープンカフェとす

る店舗も多くみられるようになったが，以前は年間を通して雨の日が多い日本の都市ではオープンカフェは少なく，商店街ではアーケードが作られていた．

【ウラまちの形成とまち発展のプロセス】

先述の原宿の成長過程を通りごとにみていくと，当初からメイン通りとして店舗が集積した表参道や明治通りのウラとして竹下通りが形成された．竹下通りに人が集まり道は狭くても人通りは多く地価も上昇しウラ通りがオモテ化すると，そのウラとしてキャットストリートなどに店舗が立地し，いわゆるウラハラと呼ばれるようになる．今日ではウラハラにも多くの人が集まり，ユナイテッドアローズやSHIPSなど世界的なファッションブランドの大型店が立地するため（図6.11），もはやウラまちとはいえない雰囲気をもつ．近年では，さらにこれらのウラに個性的な商品を提供する店舗が立地しつつある．2章の6の表2.1などでみたように，まちは初期の店舗が個性的な商品を提供して注目を集めるものの，大手企業が立地するなどで地価が上昇すると元の個人店は撤退するというプロセスがよくみられる．資本力が弱い個人店は，新たな出店場所として，かつてのウラまちのさらにウラへ出店するため，ウラまちの形成→ウラまちのオモテ化→隣接地に別のウラまちの形成，といったサイクルが，原宿のような大規模なファッションタウンにおいてはみることが

できる（図2.6）．

図6.12は，1980年当時の原宿における繁華街施設（店舗）の広がりと繁華街化の順序を示している．これによると，原宿は①表参道（原宿駅地近く）→②明治通り（竹下通り寄り）→③竹下通り→④表参道（明治通りとの交差点付近）→⑤表参道（青山通りとの交差点付近）という順序でまちが広がったことが示されている．これを調査した松沢は，当時の原宿は若い女性客がほとんどであるため，図2.1に示されるような中間域や周縁域にみられる男性向けの店舗（飲食，遊戯，風俗関係など）はみられないのが特徴としており（松沢1980），来訪者によってまちの特徴や構造が異なることがわかる．

図6.11　ウラハラに立地する大手ファッションブランド（2015年2月撮影）

図6.12　1980年当時の原宿における繁華街の広がりと繁華街化の順序（松沢1980）

4．大久保

【エスニックタウンの形成】

　JR 新大久保駅を降りて東西方向にのびる大久保通りからその南の職安通りにかけては，もともとは在日朝鮮・韓国人の人びとが多く住むまちであった．この背景としては，職安通りのすぐ南に新宿歌舞伎町がありその飲食・サービス店で働く人や，4 章の 4 でもみたように韓国系菓子メーカーのロッテの工場がありここで働く人が集住したことがあげられる．

　エスニックタウンは，その発祥の初期は同胞向けの商品が提供される．大久保でも，最初は食料品からはじまり，レストランや美容院，レンタルビデオなどが開業した．日本語に堪能でない人びとにとって，母語のテレビを録画したビデオがレンタルされる店舗は魅力的であったし，母国の微妙なニュアンスのヘアースタイルを理解している美容院は貴重な存在であった（稲葉 2008）．

【ホスト社会向けビジネスの展開】

　国内有数のエスニックタウンとして知られるが，今日では，新大久保駅の改札を出ると，若い日本人らしき若者が待ち合わせをする様子がみられる．大久保通りを東に向かい，そこから職安通りへ抜けるいわゆるイケメン通りへ向かうと，日本人の若い女性にも人気の韓国コスメの店舗や，韓流男性アイドル・音楽グループ関連の店舗が立地し，看板には英語表記の店舗も多い．ヒップホップグループ BTS の人気もあり，若い女性が

これらの店舗に行列をつくる様子がみられる（図 6.13）．大久保は，日本の中でも朝鮮半島をルーツとする人びとが最も多く住む場所であるため，韓国社会の文化的な状況がこのまちの様子にも表れてくる．このように人通りが多い通りでは，今日では韓国人向けの店舗やそのためのハングル表記の看板は目立たなくなっている．在日朝鮮・韓国人が経営する店舗でも，同胞向けからホスト社会（日本人）向けの商品・サービスへと転換している（金 2016）．

【多民族の集住と新たな消費文化】

　一方，裏路地に入ると様子は異なる．大久保幼稚園の掲示板では日本語，韓国語，中国語，英語，フランス語，タガログ語，ミャンマー語の 7 か国語のプリントが掲示されている．また裏路地の住宅地内にあるコインランドリーの文字は 6 か国語で表されている．この地域には依然として韓国・朝鮮人をはじめとした外国人や外国にルーツのある人びとが多数居住しており，一歩裏路地へ入ると，地域住民向けの施設や店舗ではその母語の言語表記が景観として表れ（図 6.14），大久保がエスニックタウンであることを改めて感じさせる（牛垣 2021a）．

　次に，新大久保駅の西側へ行くと，韓国系以外の民族の人びとが開業した店舗が数多く立地しており（図 6.15），大久保という狭いまちの内部でもすみ分けが生じていることがわかる．中学・高等学校のアメリカ地誌で取り上げられるロサンゼ

図 6.13　東京・大久保の通称イケメン通りに立地する韓流アイドルショップ（2021 年 3 月撮影）

図 6.14　東京・大久保の裏通りの景観（2021 年 3 月撮影）

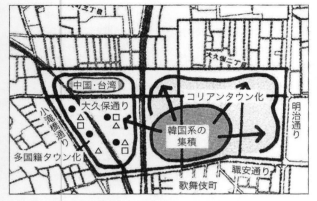

図 6.15　東京・大久保におけるエスニックの分布
(稲葉 2008)

ルスでは，多民族が居住するもののその分布傾向には数 km 程度の間隔があるようにみえるが，大久保では数十ないし数百 m 程度である．民族間の距離が近いことにより，日常生活を共にする機会が増えると考えられるため，民族間での交流や軋轢も生じやすいと考えられる．逆に，異なる民族の人びととの生活習慣や考え方を理解し，そのうえで共生するという，多文化共生に向けた取り組みや課題もみえやすいといえる．

　大久保のまちは，想定外の一般的にみれば排除されうる要素までをも含む多様性が存在する懐の深いまちとされる（稲葉 2008）．SC などでみられる多様な店舗や性格が，あらかじめ害のないものに品質管理されたものであること（5 章の 5）とは対照的である．近年，大久保のコリアタウン

が賑わいをみせているのも，韓国人組織とホスト側である日本人の商店街組織の間の相互関係や共通意識のもとで実現しており（金 2020），共生に向けた取り組みの進展がまちの成長につながっている．

　新大久保駅の西側で大久保通りの北側の地区には，2000 年代からムスリム系の店舗が集まるようになり，ハラルフードの表示が景観としてみられる．地価の安い裏通りから新たなまちの文化が発祥する点は，秋葉原などとも共通するまちの原理ともいえる（2 章の 3，6 章の 6）．

5.　神楽坂
【料亭のまちの変化と過去の影響】

　神楽坂はかつて東京を代表する料亭街（花街）として賑わった．今日では料亭はわずかとなったが，さまざまな業種の飲食店が集まり，東京きっての飲食店街として人気である．加えて，都心の近くに位置するにも関わらず，料亭街があった裏路地では，今でも石畳や黒塀など昔ながらの景観が残されており，多くの人びとによって好まれている．

　このまちにも，1990 年代後半には開発の波が都心部から押し寄せ，中高層建築が建設された．しかしその際にも，過去のまちの歴史の影響を受けている．ここで中高層化した建物の用途を示した図 6.16 をみる．関東大震災の際に被災から免

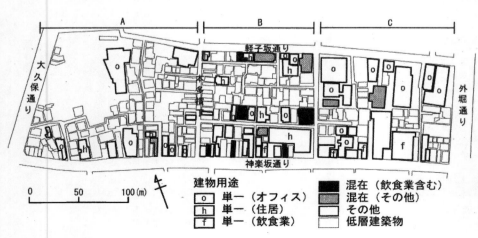

建物用途
□ 単一（オフィス）
h 単一（住居）
f 単一（飲食業）
■ 混在（飲食業含む）
▨ 混在（その他）
□ その他
□ 低層建築物

図 6.16　神楽坂における中高層建築物の分布
（2001 年，牛垣 2006，
現地調査による）

れたこともあり，その後の帝都復興事業として行われた土地区画整理の対象外となったため，全体的に路地が入り組んでいる．そのうち，かつて料亭街が形成されたのが図中のA・B街区である．料亭はほぼ残されてはいないものの，料亭街であったこの街区では，料亭街だった頃の路地や面積の狭い建物が引き継がれており，複数の土地・建物を統合するような大規模化はあまり行われていない．そのため建物が中高層化しても，その中には飲食店が入る場合も多く，建物の中高層化によって飲食店街としての性格を一層強めている．一方で料亭街でなかったC街区では大規模な建物が多く，多くはオフィスビルである．東京の都心部の景観を想像しても，都心部には大規模な建物が多く，オフィスビルが多くを占めており，C街区ではそれに近い景観と用途がみられる（牛垣2006）．このように，料亭そのものはなくなっても，その当時の市街地の状況は後の時代にも影響をもたらしていることがわかる（2章の6）．

【新たな飲食店の集積とイメージの形成】

また料亭街が形成されていた裏路地は，新たな業種の店舗が発生する可能性を秘めている．かつて日仏学院があったことでフランス人が多く住んでいたことから，1990年代からフレンチが立地して人気となり，イタリアンやスペイン料理，そのほかさまざまな国のエスニック料理の店舗が集積しているが，それらのフレンチレストランなど

図6.17　神楽坂の裏路地に立地するフレンチレストラン（2014年9月撮影，牛垣2020b）

は，最初は地価の安い裏路地から生まれた（牛垣2014）．かつて神楽坂は料亭のある粋なまちといわれ，料亭が減少した2000年頃も和食の割烹料理店が多く，昔ながらの雰囲気を残していたことから，酒好きの男性客を対象とする「伝統的なまち」というイメージが強かったが，今日ではフレンチレストランなど若い女性が好む飲食店も多く，彼女たちが行列をつくる様子もみられる（図6.17）．そば粉を使ったクレープのような食べ物であるガレッタや，ステーキやフライドポテトなどを中心としたビストロであるステックフリットなど，フランスで人気の料理を出す店舗やパリの人気店が神楽坂へ出店する場合もある．料亭街という伝統に加えて，食の流行を発信するまちとしての特徴が新たに加わっている（牛垣2020b）．

6.　秋葉原

【時代で異なる消費者ニーズに対応】

2章の6でも触れたように，秋葉原は時代によって異なる消費者のニーズに対応するように，取扱商品やサービスを変化させてきた．戦後間もない時期は，テレビが普及する以前の情報収集手段として不可欠であったラジオ関係や電子部品系の店舗が集積した．高度経済成長期にかけては，5章の1でも触れたように，いわゆる三種の神器をはじめとした家電製品が求められた時代には家電のまちへと変わり，当時は家族で訪れるまちでもあった．ビジネス業界においてパソコンが利用される1980年代になるとパソコンのまちへと変わり，1994年にはまちの売り上げで家電をパソコンが上回る．日本のアニメが国内外で人気となりサブカルチャーという用語が使われるようになった2000年頃には，アニメ関係の商品を専門的に扱う店舗が集積した．秋葉原の劇場を拠点としたAKB48が全国的に人気となると，女性アイドル関係のショップや地下アイドル劇場が立地するようになった．どのまちも，時代とともに変化するのが常ではあるが，秋葉原は，時代の強いニーズ

に対応した変化をみせており，その点においては
「時代を映す鏡」ともいえる．

【新たな業種・業態の店舗の発祥】

　ラジオ―家電―パソコン・ゲーム―アニメ―メ
イド喫茶という秋葉原の変化は，つながりや関連
があるようでもあり，ないようにも感じる．これ
らの業種・業態の発祥に関わった店主に関する記
事を確認すると，何かしらのつながりがみられる．
最初にパソコンを扱ったNECビットインの運営
担当者は，家電メーカーを顧客として想定したた
めに，アニメのまち化に影響を与えた虎の穴の創
業者は，ソフマップの秋葉原店に勤めていたため
に，それぞれ秋葉原に店を構えた．アニメ関係店
舗のゲーマーズを運営するブロッコリーがメイド
喫茶を開業したのは，イベントでテレビゲームの
キャラクターをコスプレとして使ったことがきっ
かけであった．一見，前後の関連性が薄いように
みえるまちの変化でも，何らかの文脈・脈絡があ
る場合が多く，これもまちにおける歴史的影響の
ひとつといえる（牛垣2013，2章の6）．

　なお，新しい業種や業態の店舗の集積に影響を
与えたこれらの人びとが，その商品を扱った理由
については，大きく①ビジネスになると考えた，
もしくは聞いたから，②自身が好きでそのオタク
だったから，のふたつが主にあげられる（牛垣
2013）．

　このようなまちの業種・業態の変化は，初期に
その商品・サービスを提供した店舗が繁盛し，そ
れをみて周辺の店舗がその新たな商品・サービス
を扱い，またそれを提供する新規の店舗が集積す
ることで生じる．まちの変化は，初期に新業種・
新業態を扱い繁盛した店舗の影響が大きく，先述
の通りまちのパソコン化の際にはNECビットイ
ンやソフマップが，アニメ化の際には虎の穴や
ゲーマーズ，海洋堂などがそれを担った（森川
2003，牛垣2012，2013）．それらの店舗が最初に
立地したのは，地価やテナント賃料が安い裏通り
の雑居ビルの上層階であった．特に資本力のない

個人店はそのような雑居ビルで開業する場合が多
く，そのような場所において，ほかの店舗とは商
品やサービスにおいて差別化させたチャレンジン
グな店舗が立地する．例えば2006年や2013年の
現地調査では，鉄道模型やプロレス，サッカーセ
リエA，F1，サバイバルゲーム，甲冑の専門店
などもみられた（牛垣2014）．

　大都市のまちでは，多くの店舗が集積し，さま
ざまな商品やサービスが提供される．まちを歩き
ながら，珍しい商品・サービスを提供する店舗を
探すのも，まち歩きの醍醐味のひとつである．か
つての地理学は，人類未踏の地を訪れ，観察・実
測調査によってデータを収集し，その実態を明ら
かにすることが仕事であった．現代では，地球上
において人類未踏の地はほぼ存在しないが，都市
はさまざまな要素が入り込んで混沌としており，
その複雑怪奇なジャングルの中からユニークな店
舗や商品を探すのも，今日の地理学における醍醐
味のひとつといえる．

【裏通りの雑居ビルに入居する個性的な店舗】

　2013年におけるアニメ関係店舗とメイド喫茶
などの店舗の分布状況を示した図6.18をみると，
メイド喫茶などコスプレ店員がサービスをする店
舗は，駅から遠い裏通りへ立地する傾向にある．
これらのメイド喫茶などの店舗も，当初のメイド
服を着た店員がウエイトレスをするスタイルか
ら，バー，鉄道，学園，戦隊，戦国，海賊，和装，猫，
悪魔，居酒屋などコンセプトが多様化している．
コスプレ店員によって提供されるサービスも，リ
フレ（マッサージ），美容室，耳かき・膝枕，話
せる喫茶，撮影，アイドル発掘・育成，秋葉原案
内（JKお散歩）など多様化している（牛垣ほか
2016）．男性客と女性店員が直接触れる性的なサー
ビスもみられ（図6.19），それらの中には後に風
俗営業法違反で取り締まりを受けた店舗もある．
若者から大人まで多くのアニメファンを引き付け
る魅力をもちながら，法的に認められないサービ
スを提供する店もあり，そのような「光と影」の

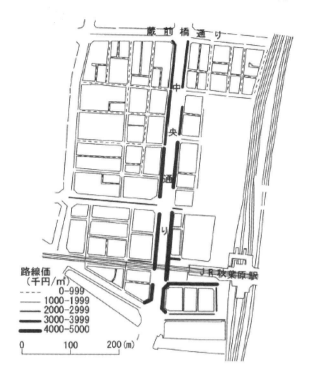

図 6.18　秋葉原におけるアニメ関係とメイド喫茶系店舗
の分布（2013 年，牛垣ほか 2016. 現地調査による）

図 6.20　秋葉原の路線地価
（2006 年，牛垣 2012. 路線価図による）

両面を有する点で，秋葉原はかつての盛り場と似た側面もある（牛垣 2015a）．

　裏通りの雑居ビルへ個人店が入居し，そこから新しい業種・業態が生まれる背景として，表通り

図 6.19　コスプレ店員がサービスする店舗が
入居する秋葉原の雑居ビル（2013 年 9 月撮影）

に比べて地価とテナント賃料が安いことが背景にある．図 6.20 は秋葉原の路線価であり，表通りに当たる中央通りに対して裏通りは地価が安いことが読み取れる．6 章の 4 でみた大久保のまちでも，地価の安い裏通りへムスリム系の店舗が新たに立地したが，同じ背景によると考えられる．

【技術的な知識をもつ店舗と買い回りをする店舗】

　時代に伴って変化する秋葉原のまちも，より質的側面から考えると，歴史的変化（2 章の 6）といえる大きな変化も生じている．例えばパソコン関係や電子部品関係の店舗は，店員に技術的な知識が要され，商品のみならず知識を有することで店として，またそれらが集積するまちとして強みをもち，広い商圏を獲得できる（山下 1998）．一方，アニメ関係の商品を扱う店員には技術的な知識は不要であり，その点においてはまちとしての強みが減じたといえる．戦後にラジオ関係の店舗が集積して以来，引き継がれてきた特徴であるた

め，これが弱まることは秋葉原にとって大きな変化といえる．

さらに，2000年代後半では先述の地下アイドル劇場のほかメイド喫茶やコスプレ店員によるマッサージなどの飲食・サービス店が増加している．戦後から主に扱われてきたラジオ・家電・パソコン・アニメ関係の商品はいずれも小売店であり，その業種に関心をもつ消費者は同業種および関連業種店を買い回るために，小売店には「競争と依存の関係」（石原2000，1章の3）が生じた．店舗が集積することは店舗側としてもメリットがあり，まちとしては多様な品揃えを形成することで強みを発揮した．一方，飲食・サービス店は，時と場合によって複数の店舗を使い分けることはあっても，基本的には買い回ることはなく，一度の来訪で使う店舗は1店舗であるため，店舗間は依存の関係は少なく競合関係が強くなる（牛垣ほか2019）．そのため，小売店が減少し飲食・サービス店が増加するといった変化も，秋葉原にとって大きな歴史的変化といえる．

【チェーン店の立地とその秋葉原における意味】

図6.20において地価が高い表通りに当たる中央通り沿いやJR秋葉原駅近くでは，近年では全国チェーン店の立地が目立つ（図6.21）．これらの多くは，家電やパソコン関係店舗の跡地に進出している．その背景としては，ヤマダ電機によるサトームセンの子会社化，エディオンによる石丸電気の子会社化，家電系の中国企業によるラオックスの子会社化など，この時期に生じた国内外における家電量販店の再編成（兼子2013）に伴って，秋葉原発祥の電気店が大手企業の傘下に入ったことがあげられる．

これらのチェーン店には，エディオンなどの家電量販店もあるが，紳士服のAOKIやカラオケのパセラ，パチンコのエスパス日拓など，それ以前の秋葉原に立地していた店舗の業種・業態と関わりの薄い店舗も多い．これにより5章の2でみたように商業空間が均質化し，日本中どこにでもあ

図6.21　秋葉原駅付近の中央通り沿いでみられる景観
（2013年8月撮影，牛垣2018）

るようなまちへと変わっていくことが懸念される．さらに，これまではパソコンや電子部品，アニメ関係，アイドル系の店舗やメイド喫茶など，いわゆるオタクと呼ばれた人びとが好むような，相互に関連するような業種・業態の店舗が集積したが，これらと関わりのない業種・業態の店舗が増えると，消費者にとっても関連購買行動（1章の3）が弱まり，まちとしての魅力が失われるという懸念もある．

7章　東京周辺のまち

1. 川崎のまち

【川崎駅東口の銀柳街】

川崎市は、2021年5月現在で人口数が154万人を突破し、政令指定都市の中では横浜市、大阪市、名古屋市、札幌市、福岡市に次ぐ大都市である。形状は南北に細長いが、最も乗降客数が多く中心的な役割を担うJR川崎駅は、市の東側に位置する。

そのJR川崎駅の東口には、銀柳街という商店街があり、駅西口のラゾーナ川崎プラザや地下街のアゼリアができる以前は、川崎市内で最も繁華な商店街であった。図7.1にはドラッグストアのサンドラックやマツモトキヨシがみられるが、すぐ近くにもそのほかの薬局がある。店舗の用途もゲームセンターやパチンコ、飲食店など、市民が日常的に利用する店舗が多い。川崎市よりも人口規模が小さい仙台や広島などをみても、都市の中心商業地には地元発祥の百貨店や世界的な高級ブランド店といった買い回り品店が多く立地することが多いにもかかわらず、この商店街にはそれが少ない。すぐ近くには川崎市唯一の百貨店であったさいか屋川崎店が立地していたが、これも2015年5月末をもって閉店した。

なぜ、川崎の中心商業地には、買い回り品店が少なく、ドラッグストアなどの最寄り品店が多いのであろうか。それはより大きな都市である東京や横浜の繁華街に近いことが関係する。川崎駅からは中央区の銀座、武蔵小杉駅や武蔵溝ノ口駅からは渋谷区の渋谷、登戸駅や稲田堤駅からは新宿区の新宿といった、百貨店などの買い回り品店が多数集積する繁華街へ乗り換えなく短時間、低料金でアクセスすることができる。図7.2は、川崎市およびその周辺に当たる東京区部と横浜市における、区別の小売販売額とその人口1人当たりの値を示している。川崎市は、買い物の中心地となるような、人口数に対する小売販売額が高い区が存在しないことがわかる。これは3章の3（図3.13）でもみたとおり、買い回り品を選択肢が豊富な東京都で購入することが多いためと考えられる。加えて、川崎市民の多くは東京区部へ通勤しており、日常的な生活行動としても東京都と関係が深い。そのため、川崎市民が買い回り品を購入する際に

図7.1　薬局が目につく川崎駅東口の銀柳街
（2014年4月撮影）

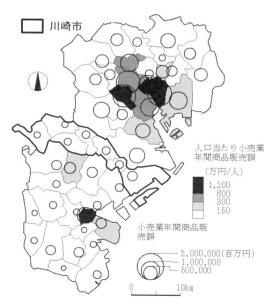

図7.2　川崎市周辺における小売販売額
（2016年．経済センサスと住民基本台帳による）

図7.3　マンション建設が進む川崎駅西口付近の
南河原銀座商店街（2021年9月撮影，牛垣2021b）

は，これらの繁華街を利用する場合が多い（牛垣2008a）．このように，周辺地域との関係性や住民の生活行動が，まちの特徴に大きく影響を与える場合もある．

【川崎駅西口の南河原銀座商店街】

　JR川崎駅の西側，国内トップクラスの売り上げを誇るSCであるラゾーナ川崎プラザの西側には，住宅地に囲まれて南河原商店街（通称：ハッピーロード）がある（図7.3）．今日ではマンションも多くみられるが，かつては食料品店や衣料品店が並ぶ商店街であった．1973年から2014年にかけての40年間で，食料品店は13店から4店へ，衣料品店は15店から1店へと減少し，変わって住居やマンションが4棟から14棟へと増加した（牛垣2015b）．4章の1（図4.9）でみたように，

大都市のまちでは，地方都市中心市街地のまちと異なり，人口は増加するものの，地価や家賃が高いことやマンション需要が旺盛であり，店を続けるよりも不動産業者等へ土地や建物を売却した方が利益がでる場合もあるため，店舗がなくなる場合も多い．川崎市は2015年から2020年にかけて人口数が6万3千人増加しており，人口増減率は4.3％で東京区部，福岡市，さいたま市に次ぐ値である（川崎市2021）．少子高齢化時代とはいえ，川崎駅周辺では依然としてマンション需要が旺盛であることから，商店街からマンション街への変化がみられる．

【川崎区のコリアタウン】

　図7.4は，川崎区浜町のコリアタウンの様子であり，図7.5はかつて存在したその入口の門を写している．以前はより多くの焼き肉店が並んでいたが，2000年代初頭のBSE（牛海綿状脳症）問題により減少した．それでも，図7.4の右にみえる東天閣はたびたびメディアで紹介される人気店であり，例えばテレビ東京系の人気ドラマ「孤独のグルメ」の原作（久住昌之・谷口ジロー2008.『孤独のグルメ』扶桑社）にも登場する．

　このまちがコリアタウンとなったのはなぜであろうか．戦前から，川崎市は工場や多摩川の砂利の採取の労働力として，朝鮮半島から日本へ連れられた人びとが集住する集落が存在したが，この

図7.4　川崎市川崎区のコリアタウン
（2022年7月撮影）

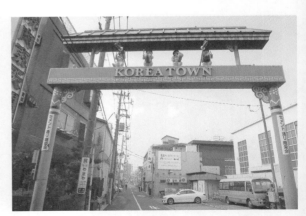

図7.5　川崎市川崎区のコリアタウンの入り口の門
（2014年11月撮影）

一帯はその最大の集住地であった．1952年，在日の朝鮮や台湾人が日本国籍を喪失すると，安定した職に就くことも難しくなり，その中で彼らがこの地で生活をしていくために，住居を開放し，日本人が食べなかった内臓肉をコリアン風に味付けをして売ったものが，現在のコリアタウンの前身となった（金1998）．川崎は国内を代表する工業都市として知られるが，その産業的な特徴がまちの特徴にも影響している．

図7.5にみられるコリアタウン入口の門の左側の支柱には，「セメント通り商栄会」という文字がみられる．「セメント通り」という通称は，この通りの南側にセメントを製造するデイ・シイ（旧浅野セメント）が立地し，この通りには以前からセメントを載せたトラックが通っていたことに由来する．まちの特徴や名称が，周辺施設の影響を受けた事例といえ，図7.5の写真からも，コリアタウンと工業都市との関係性が読み取れる．

2．横浜のまち

横浜市は，人口数370万人（2022年3月現在）で市区町村別ではトップを誇る大都市である．江戸末期に早くから港が開かれ，首都東京に近接することで，東京との結びつきの強い「外港」としての役割を担った横浜は，その歴史の浅さとは裏腹に急速に発展させた．当初は東京に港がなかったため，政治家や実業家などの要人や輸出入品は，横浜を起点として行き来し，正に東京と世界を結ぶ窓口としての役割を担った．都市としての歴史が港町として始まったために，まちの随所に港町としての特徴や雰囲気がみられる．

また横浜には，人口だけでなくオフィスや商業などさまざまな機能が集積するが，大都市だからこそその集積量は多く，図4.20をみてもわかる通り，都心部の土地利用は空間的に機能分化している．人口やオフィスの集積規模が小さな都市はこのようにはならず，さまざまな用途は空間的に分化せずに混在する．ここでは，さまざまな顔を

もつ横浜都心部のまちの特徴をみる．

【元町】

元町は，JR京浜東北線の石川町駅近くに位置する商店街であり，今日では衣料品店のほか指輪・ネックレス等の服飾関係の店舗が集積する神奈川県屈指のファッションタウンである．このまちがファッションのまちとして知られる大きなきっかけは，1970年代後半，元町の服飾関係の店舗で全身をコーディネートするハマトラ（ヨコハマ・トランディショナルの略）ブームにある．当時は，「フクゾー」の洋服，「キタムラ」のバッグ，「ミハマ」の靴がハマトラ「三種の神器」といわれた．近くのフェリス女子大学の学生などをターゲットとしたため，そのファッション的な特徴は，よくいえば清楚，悪くいえば子どもっぽいともいわれた．現在では，衣料品店の価格帯もそれほど安くはなく，例えば2015年6月に行った現地観察では，SALEと書かれ店頭に並べられたシャツが8,500円〜12,000円で販売する店舗もみられた．ある喫茶店のメニューをみると，最も安いブレンドが600円という店舗もあり，現在では大学生向けの低価格店が多く立地するわけではない．コストパフォーマンスのよいファストファッションは全体的に少なく，それがむしろ元町らしさを残しているように思える（図7.6）．

このファッションタウン・元町の形成には，江戸末期から明治期にかけて元町の周辺に居住・就業した欧米人との関係もある．幕末期の横浜開港

図7.6　横浜・元町の様子（2022年2月撮影）

後，現在の関内に外国人の居留地がおかれた．さらに元町の東側の山手に外国人の居住地区がつくられると，元町は関内居留地と山手を行き来する欧米人向けに商品やサービスを提供する店舗ができた．例えば今も元町には食パン発祥の店「ウチキパン」など歴史のある店舗が多い．ペコちゃんで知られる洋菓子チェーンの不二家も，開業の地は元町であった（横浜都市発展記念館2003）．早くから欧米文化に触れることができた横浜には，欧米発祥と思われる料理が実は横浜発祥ということが多く，例えばナポリタンやドリアが，山下公園の近くに立地するホテルニューグランドの料理長によって創作された話は有名である．

【中華街】

幕末の開港によって横浜には多くの欧米人が居住し，日本人と漢字を用いた筆談による交渉をするために，優秀な中国人が彼らに随伴して来日した．中国人による店舗も，最初はほかのエスニックシティと同様に，同胞向けの食料品店や雑貨店などが中心であったが，後に中華料理店が多くなった．今日，日本を代表する中華街といえば，横浜・神戸・長崎があげられるが，いずれも江戸末期の日米修好通商条約の後に国内でいち早く開港したまちであることがわかる．

歩行者が多く地価の高い中華街大通り沿いの店舗は，華正樓など立派な店舗もあるが，比較的価格帯が高いために，学生などの若者にとっては利用しにくい店も多い．一方，路地では地価がかなり安くなるため（2章の3，6章の6），小規模な個人店で手ごろな価格で利用できる店舗も多い．このように飲食店を探す際に，表通りには高級店や全国チェーン店が立地し，裏通りに個人店が立地する傾向は，ほかのまちでもみられるため，コストパフォーマンスがよい個人の飲食店を探す際には，裏通りに立地して地元客が多数入っている店舗が狙い目である．近年では，初めて入る飲食店を選ぶ場合は「食べログ」や「ぐるなび」などの情報サイトを利用することが多いが，まち歩き

図7.7　横浜・中華街の様子（2022年2月撮影）

図7.8　かつて中華街に立地したおもしろ水族館
（2011年5月撮影，牛垣2022b）

愛好家としては，自身の感覚で良店を選択する「嗅覚」を身につけたい．

横浜の中華街には，平日・休日を問わず，多くの人が集まる（図7.7）．近年では，ここを訪れる観光客をターゲットとして，まちの文脈とは異なる業種・業態の店舗がみられる．例えば横浜おもしろ水族館（図7.8）は，開業当初はお笑いの吉本興業が経営した水族館であり，館内は随所に面白い仕掛けが施された．また横浜大世界という建物の4〜8階には，トリックアートを楽しむアートリックミュージアムがある．これらは，子ども連れを含む観光客をターゲットとした店舗ではあるが，中華街というまちの文脈とは関係のない施設といえる．事実，この水族館は2021年11月に閉館した．まちの文脈に合わない施設は，存続す

図 7.9　沖縄県那覇市の国際通りにみられる
観光地化の様子（2009 年 10 月撮影）

るのも難しい.

　観光客向けの店舗が増えたことでまちの性格を
大きく変えた事例として, 沖縄県那覇市の中心街
に位置する沖縄国際通りがあげられる. この通り
は, 那覇市の中心部に位置し, 那覇空港へのアク
セスもよいため, 高校生などの修学旅行生を含め
て多くの観光客が集まる. そのため, この通りの
一角には, 観光客向けの土産物屋がずらりと立ち
並ぶ通りがあり, 例えば 2009 年 10 月に撮影した
図 7.9 には, ご当地キティーを売る「さんりお屋」
などがみられる. もちろん, この例にしても, 沖
縄が国内屈指の観光地であればこそであり, 沖縄
ならではの現象ともいえるが, 少なくとも店舗で
扱う商品は地元の人向けから観光客向けへと大き
く変化している.

　中華街の場合は, ここまでの変化ではないが,
上記のほかにも全国チェーンの寿司屋など, 中華
街というまちの文脈とは異なる業種店が散見され
る. この現象を, 長年横浜中華街をフィールドと
してきた山下（2021）は, 海外各地のチャイナタ
ウンは多文化化, 多国籍化が進んでおり至極当
然と指摘する. 山下は横浜中華街を, 外国から来
た人びと, ホスト社会の人びと, 行政当局の三者
が協力してつくりあげた成功事例と位置づけてい
る. しかし, このようなまちの文脈と異なる店舗
の集積が進むと, まちの特徴が喪失する可能性も

ある. 同じエスニックタウンでも, 6 章の 4 でみ
た大久保では, 同胞向けからホスト社会向けのビ
ジネスを展開するようになっても, 韓流のコスメ
やアイドル関係の商品を提供するといった変化を
みせており, まちの文脈に合った変化をみせてい
る. 同胞向けからホスト社会向けのビジネスへと
いう動向は, 日本の中華街でも一般的にみられる
が（山下 2016）, 横浜の場合は店舗を運営するま
ちの主体も, 外部の人間に代わっている部分があ
る. まちの特徴や「らしさ」は, まちの魅力にも
関わり, 観光客の集客にも影響するために重要で
ある.

【伊勢佐木町・関内】

　伊勢佐木町の前に, JR 京浜東北線の駅名であ
り, 横浜中心部の一角を指す「関内」について触
れる. 現在, イセザキ・モールの北側の首都高
速神奈川 1 号横羽線が通る場所は, 以前は河川で
あった. この河川と大岡川, 中村川の各所には,
江戸末期には通行人を取り締まり治安を維持する
ための関門が設置された. これらの河川の内側が,
“関”の内側ということで関内と呼ばれ, 関や河
川の外側が関外と呼ばれた. イセザキ・モールは,
その関門のひとつである吉田橋の外側にできたま
ちである. 今もイセザキ・モールの入り口前の吉
田橋には, その関門跡の碑が立っている（図 7.10）.

　江戸末期, 港が開かれたことで横浜には多くの
外国人が集まり, たびたび日本人とはトラブルに

図 7.10　吉田橋関門跡（中央やや下の白枠）と
イセザキモール入口（2014 年 9 月撮影）

図 7.11 横浜オデヲン座があった雑居ビル（2014 年 9 月）

図 7.12 オデヲン座が
あった雑居ビルの入居
テナントを示す看板
（2014 年 9 月撮影）

図 7.13 戦前の伊勢佐木町に立地した野沢屋百貨店の
1 階の様子 （1934 年頃．横浜都市発展記念館 2003）

なったことが，この関門を設置した背景にはあるが，横浜は外国人が多く異国情緒が漂う都市であったため，伊勢佐木町には日本で初めて洋画を上映したオデヲン座（横浜オデヲン座）があった．しかしこれも 2000 年に閉館し，2014 年 9 月には雑居ビルとなり，映画館の名残は「ODEON」の看板のみにみることができた（図 7.11）．また，この雑居ビルの入居テナントを示す看板をみると，多くが空室となっていた（図 7.12）．このような経済的な地盤沈下ともいえる状況は，このビルのみならず伊勢佐木町全体でみられるが，地価やテナント賃料の低下によって同胞や日本人を相手とするエスニック商品を扱う店舗が数多く進出しているという（堀江 2015）．またオデオン座があった雑居ビルは，2019 年 8 月現在では商業施設のドン・キホーテに変わり，その外観にわずか

に「ODEON」の文字が残されている．

戦前は，伊勢佐木町はまさに都市横浜の中心商業地であった．百貨店も複数立地し，そのうちのひとつである野沢屋百貨店の 1 階の様子を示したのが図 7.13 である．今日でも百貨店は高級品を扱うが，戦前の昭和初期の頃は今以上に百貨店の利用者は富裕層であった．当時，特に女性はまだまだ和装が多く，自宅も日本製品に囲まれた生活を送っていた．その状況において，百貨店のショーケースには多くの洋物の商品が並べられたために，それらは興味関心の対象となり，当時は複数の店舗のショーケースを見て回る「銀ブラ」のような行為が全国的に流行し，伊勢佐木町をブラつ

図 7.14 横浜松坂屋跡地にできたカトレヤプラザ
伊勢佐木の外観 （2014 年 9 月撮影）

く行為は「伊勢ブラ」といわれた．戦後も，人気デュオ「ゆず」がその店先の路上で歌っていたことで有名な横浜松坂屋などの百貨店が立地していたが，これも 2008 年 10 月に閉店し，その跡地には GU などが入居するカトレヤプラザ伊勢佐木町が立地する（図 7.14）．比較的高級な買い回り品を扱うことが多い百貨店から，コストパフォーマンスのよさを売りとするファストファッション店が核テナントとして入居する商業施設への変化は，このまちの変化を象徴的に表している．

【野毛】

　伊勢佐木町から北西に向かい大岡川を渡ると野毛のまちがある．戦後は闇市として賑わったまちで，雑然とした雰囲気が今も残っている．今日としては，さまざまな用途が混在することが，このまちの特徴のひとつといえる．かつては桂歌丸が館長を勤めていた演芸場「横浜にぎわい座」といった文化施設がある一方で，場外馬券場である WINS があり，有馬記念など G1 レースがある日には多くの競馬好きの人びとが訪れる．かつて闇市であった名残で，大衆的で外観はきれいではないが味には定評がある飲食店のほか，風俗店，ファミリーレストラン，おしゃれなワインバーなど，さまざまな業種の店舗が集まる．テーブルや椅子がはみ出た路上に人が集まり，まちには賑わいがみられたが，道路の通行を妨げる行為は道路交通

図 7.15　横浜・野毛の様子（2011 年 5 月撮影）

図 7.16　JR 横浜駅に隣接する高島屋百貨店
（2011 年 5 月撮影）

法違反に当たるため，2018 年 6 月には取り締まりの対象となった．路上の賑わいは，江戸時代以降の日本の盛り場の特徴であり（牛垣 2015a），通行上の安全性との両立が常に課題となる．

【横浜駅周辺】

　JR 横浜駅は，JR 東日本管内の駅の中では，乗車人員数が新宿駅，池袋駅に次ぐ 3 位（2020 年）と，多くの人が利用している．駅の周辺には百貨店などの商業施設や地下街もあって店舗が集積し，横浜市民のみならず神奈川県の東部に住む多くの人びとが利用するが，その開発は比較的新しい．そもそも横浜の発展は江戸末期の開港以降であるために 160 年程度の歴史といえ，県庁所在地クラスの都市では非常に新しい．さらに横浜駅周辺の開発は戦後まで待つこととなる．1906（明治 36）年の 5 万分の 1 地形図をみると，現在の JR 横浜駅の西側一帯は内海が入り込んでいる．これらが埋め立てられ，現在の地に駅ができたのが 1928（昭和 3）年で，本格的に開発が進んだのは，駅西口に隣接する高島屋百貨店（図 7.16）が開業した 1959 年以降である．

　百貨店はこのほかにもそごうがある．かつては横浜三越もあったが，5 章の 1 でみたように 1990 年以降のバブル崩壊に伴う不況下で高級品を扱う百貨店の苦戦が続く中，同店舗も 2005 年に閉店し，1990 年代から 2000 年代にかけて店舗展開を進めた家電量販店のヨドバシカメラがこれに代わって立地している．

図 7.17　横浜みなとみらい 21 の赤レンガ倉庫
（2012 年 6 月撮影）

図 7.18　横浜みなとみらい 21 のドックヤードガーデン
（2017 年 3 月撮影）

【みなとみらい 21（MM21）】

　4 章の 3（図 4.20）でみたように，かつての横浜が関内・伊勢佐木町・中華街・元町の一帯と横浜駅周辺という小さな中心がふたつある複核構造であったが，みなとみらい 21 の開発によってこれらが連続してひとつの大きな都心部を形成することとなった．このまちには多くの商業・レジャー施設が立地して人気のスポットとなっているが，その中には，かつて港町として利用していた港湾施設を活用している事例も多い．

　その代表的なものが赤レンガ倉庫であり（図7.17），かつては輸入手続きが済んでいない外国貨物を保管する保税倉庫として利用されていたが，1980 年代までにその役割を終えることとなる．従来の機能は喪失したものの，赤レンガというその外観を活かして内層を整備し，2002 年に観光客をターゲットとした商業施設としてオープンした．このように，従来の機能は失いつつも，建物や施設等の外観などを「産業遺産」として価値を見出す事例が，日本のみならず世界中でみられる．国内では長崎の軍艦島などが有名だが，赤レンガ倉庫は国内ではいち早くこれを実践し成功した事例と位置づけられる．

　なお，貨物輸送は世界的に規格が統一されたコンテナを用いることが主流となったために，世界の港町でもかつて利用された倉庫群はこれに対応

した変化がみられる．

　このほか，このまちにおける代表的な産業遺産として，ランドマークタワーの近くのドックヤードガーデンがある．ドックとは，船を建造・修理するための港湾施設である．これは，日本に現存する商船用の石造りドックとしては最古のもので，これを文化遺産として復元したものである．ここではさまざまなイベントが開催されるほか，壁面の内部には飲食店などの店舗が入っている．図 7.18 は，プロジェクターと音響機器を使ってドックの壁面 360 度に映像を映したプロジェクションマッピングの様子である．

　みなとみらい 21 にくると，何ともいえない爽やかな雰囲気を感じる．広がる海と計画的なアーバンデザイン（田村 1997）によって形成された景観や風景，海風の心地よさに加えて，赤レンガ倉庫やドックヤードガーデンなど港町を感じさせる施設が数多く残ることで，港町としてのまちの歴史・風格や雰囲気を肌で感じることができる．

8章　大阪のまち

1. 大阪駅・梅田駅周辺（キタ）のまち

　JR 大阪駅や阪急・阪神の梅田駅周辺は，大阪都心部の一角を形成し，その位置から「キタ」といわれる．図 8.1 は，3 章の 1 でみた中心地理論の観点から 1972 年当時の大阪市の中心地構成を示したものであり，大阪では大阪駅・梅田駅周辺のキタと難波周辺のミナミが最上位の中心地として位置づけられ，その間の一帯が都心軸とされている．近年では，大阪湾に面したベイエリアで再開発が進むなど変化もみられるが，基本的な構造は変わっていないように思える．

　大阪駅・梅田駅周辺のまちでは，長らく大規模再開発が進められてきたが，2010 年代にはそれがひと段落した．商業施設，オフィス，マンションなどの高層ビル群からなるグランフロント大阪は，かつての梅田貨物駅の跡地に当たる．1874（明治 7）年に大阪駅の貨物取扱所として開設され，

2013 年まで使用されていた．かつて陸上における物資の輸送は貨物列車が主流であったが，それがトラックなどに代わると貨物駅や同線路は必要性を低下させ，再開発の対象となった．例えば東京においても，日本テレビが入る汐留や品川駅および高輪ゲートウェイ駅周辺の再開発もこれに該当する．再開発が行われる場所は，世界的な交通システムの変化が影響する場合も多い．

　この大阪駅や梅田駅周辺は大手百貨店の主戦場にもなっている．百貨店では，主には高価な買回り品が販売されることが多い中，1990 年代初頭から長らく続いたバブル崩壊に伴う不況の中で，採算が取れない多くの店舗は閉店した．その一方で，2010 年代には生き残りをかけて競争力を高める戦略のひとつとして，それぞれの百貨店の基幹店に投資を集中し，売り場面積の増床やテナント構成の見直しなどが行われた（5 章の 1）．大阪駅・梅田駅周辺では，関西で最大の売り上げを誇る阪急うめだ本店（図 8.2）や，JR 大阪駅に直結した大丸百貨店がこの時期に大規模な増床を行った．

　また，経営統合した三越と伊勢丹の両者の店名が入る唯一の店舗として，2011 年に三越伊勢丹が JR 大阪駅構内で開業し，この一帯は大手百貨店の基幹店が競合する主戦場の様相を呈した．大丸と三越伊勢丹は JR 大阪駅の構内に入るために

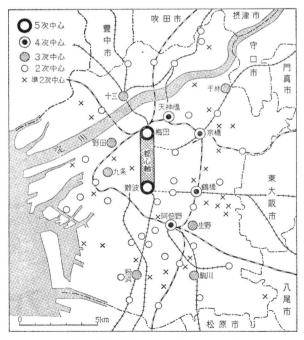

図 8.1　1972 年の大阪市における中心地の構成
（日本地誌研究所 1974 による）

図 8.2　阪急うめだ本店の外観（2017 年 2 月撮影）

JR系 vs 関西私鉄（阪急・阪神）という構図であった一方で，三越と伊勢丹は東京を発祥とするに対して，大丸は京都，阪急と阪神は大阪発祥ということで，東京資本 vs 関西資本という構図でもあった．その JR 大阪駅構内の三越伊勢丹は極度な売り上げ不振により，開業間もなく撤退することとなる．その理由のひとつとして，当時の経営陣はコンセプトが中途半端であったことをあげているが，地元愛が強い大阪の土壌には馴染まなかったこともその背景として考えられる．

2. 難波周辺（ミナミ）のまち

　JR 大阪駅や梅田駅周辺（キタ）が大規模な商業施設で構成されることを特徴とするのに対して，難波駅周辺の道頓堀筋や心斎橋筋（ミナミ）は，明治時代以前から存在する歴史ある繁華街であり，小規模な店舗が集積することを特徴とする．図 8.3 には，1970 年代初頭における道頓堀筋の店

舗の業種が示されているが，角座や中座とった劇場が多い．これらは演芸場・劇場・映画館などとして利用され，ニューヨークのブロードウェイのような様相を呈していたともいわれるが，松竹座など一部を除いて今日では閉館した施設も多い．「竹本座跡」などの碑も建てられているが，人目のつかない場所にひっそりと立っており，今日ではかつて演芸や劇場のまちであったという様子は感じにくい．一見すると，全国どこにでもあるようなチェーン店が多く商業空間の均質化（5 章の2）が進んでいるようにみられ，道頓堀筋らしさは減じているようにも感じる．

　近年では，例えば中座の跡地に建てられている中座くいだおれビルには，かつて飲食店の店頭に置かれて大阪名物となった「くいだおれ人形」があり，多くの観光客が記念撮影をする様子がみられる（図 8.4）．また大きい上に赤など強調色が使用されて非常に目立つ看板がつくりだす景観も大

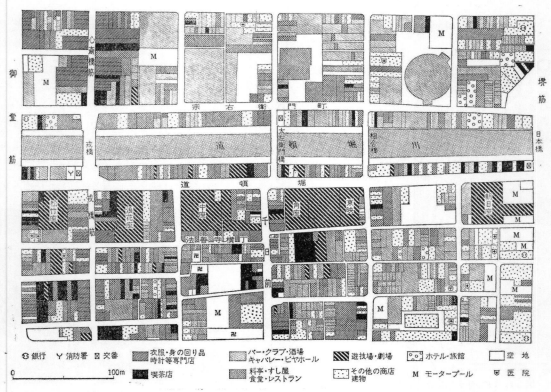

図8.3　1970 年代初頭の大阪・道頓堀における店舗の業種（日本地誌研究所 1974）

図 8.4　食い倒れ人形で記念撮影をする若者
（2012 年 7 月撮影）

図 8.6　なんばグランド花月前でお笑い芸人を模った
人形と記念撮影をする若者（2012 年 7 月撮影）

図 8.5　目立つ看板が特徴である大阪・道頓堀の景観
（2012 年 7 月撮影）

図 8.7　江戸時代の「摂津名所図会」に描かれた
心斎橋筋と大文字屋（宗政・西野 2000）

阪の特徴であり，道頓堀筋はその代表的なまちといえる（図 8.5）．日本的な景観といえば，低層な木造建築が連続するまち並みが想像され，そのようなまちでは派手な色を使わずに色合いを統一することや，建物上部のスカイラインや道路に面した壁面線を合わせることで，見た目が美しいと評価される場合が多い．道頓堀筋の景観はそれとは真逆といえるが，これはこれで道頓堀筋らしい景観，さらには大阪らしい景観として受け入れられている．全国一律の評価基準ではまちの景観を評価することができない事例ともいえる．

　道頓堀筋からやや南へ行くとお笑いの吉本興業の本拠地ともいえるなんばグランド花月がある．この劇場こそがお笑いのまち・大阪における貴重

な観光資源であるが，劇場前のお笑い芸人を模った人形と記念撮影をして劇場には入らない人も多くみられる（図 8.6）．近年はインスタグラムなどの SNS の普及により，先のくいだおれ人形やたこ焼きの看板も同様，写真映えするものに触れることのみに関心がもたれ，本来の地域資源が利用されない傾向がある．

　先述の道頓堀筋に平行して流れる道頓堀川に架かる戎橋に向かう心斎橋筋は，江戸時代から道頓堀筋の演芸場や劇場へ向かう通りであり，当時から繁華街として賑わった．江戸時代に描かれた「摂津名所図会」には，現在の大丸百貨店の前身である大文字屋呉服店とともに，当時の賑わいの様子が描かれている（図 8.7）．大文字屋呉服店は京都

図8.8　心斎橋筋入口の様子（2009年10月撮影）

図8.9　大阪・アメリカ村の様子（2012年10月撮影）

市の伏見で1717年に開業するが，9年後の1926年には心斎橋筋へ進出し，今日ではここが大丸百貨店の本店とされている．大正から昭和初期にかけては，横浜の伊勢佐木町を歩く「伊勢ブラ」のように（7章の2），このまちをブラブラ歩くことを「心ブラ」といった．「銀ブラ」の銀座では依然として高級ブランドや百貨店が数多く立地する中で，今日の心斎橋筋は，スニーカー等を扱うStep（図8.8）やパルコ，ユニクロなども立地し，コストパフォーマンスのよいチェーン店が多くみられるなど，若者のまちという雰囲気が強いようにみえる．

　一方，心斎橋筋の1本西の通りに当たる御堂筋には，ルイ・ヴィトンやバーバリー，プラダといった世界的な高級ブランドの専門店が立地しており，通りごとに機能分化（棲み分け）がなされている．

3．アメリカ村

　心斎橋筋の西側，御堂筋を超えた街区内には，通称アメリカ村と呼ばれるまちがある（図8.9）．ここは服飾関係の店舗が集積する大阪随一のファッションタウンである．なぜこのような店舗がこの場所に集積したのか．1969年，日限萬里子という大阪出身の実業家が，LOOPという喫茶店を開業して話題となり，そこに集った若者が「ア

メリカにでも行って来たら」という日限の一声でアメリカに渡り，そこから持ち帰った古着や雑貨などの仮設店舗を三角公園の周辺で販売したことが始まりとされる．

　心斎橋筋に近いわりにウラまちに位置することによる賃料の安さが，これらの店舗が集積した条件であるが，その後，コストパフォーマンスのよい東京などの大手企業のチェーン店が進出し地価や賃料があがると，当初の店舗は撤退してしまった．服飾系の店舗が多数入居する商業施設ビッグ・ステップの開業により，まちの大衆化が一層進み，初期からこのまちを訪れていた人びとは離れていったという（佐藤2003）．今日では，パルコやドルチェ＆ガッパーナなどの大手ブランドも多数立地している．このような個性的なまちの形成と変化のプロセスは，比較的多くのまちにみられる普遍的な傾向でもある（2章の3，6章の3）．

4．堀江

　堀江は，アメリカ村よりもさらに西に位置し（図8.10），服飾関係の店舗が集積するファッションタウンである．アメリカ村が一般的・大衆的なファッションのまちへと変化する中で，そこから滲み出すように（佐藤2003）形成されたまちである．アメリカ村も最初は，大阪を代表する伝統的な繁華街である心斎橋筋のウラまちとして

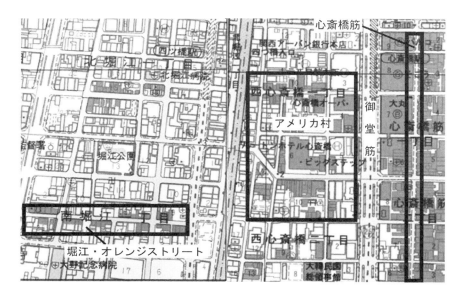

図 8.10　心斎橋筋・アメリカ村・堀江の位置関係
（1 万分 1 地形図「大阪城」「西九条」128% 拡大に加筆）

ファッションタウンが形成されたが，堀江はさらにそのウラまちとして位置づけられる．東京の原宿（6 章の 3）でもみられたように，ウラまちの形成→ウラまちのオモテ化→隣接地に別のウラまちの形成（2 章の 3）というサイクルが，大阪最大のファッションタウンであるこの一帯にもみられる．

　堀江のまちがファッションタウンとなる背景には，歴史的・時系列的なプロセスも背景としてあげられる．アパレル関連の店舗は，1997 年は 2 店舗であったのが，2003 年には 60 店舗へ急増する（図 8.11）．1997 年までこのまちには婚礼家具を扱う大型家具店が集積していたが，すぐ近くのアメリカ村に集まる若者は婚礼家具の潜在的な顧客であるため，彼ら・彼女らをターゲットとしたフリーマーケットなどを開催し，若者をこのまちへ誘導することが試みられた．また婚礼家具から雑貨やデザイン性の高い家具を扱うインテリア店舗へと変貌した店舗もあり，若者のまち化が進むこととなった（川口 2008）．堀江のまちが若者のまち，ファッションタウンへと変化する背景には，周辺地域との関わりやその影響のほか，まち内部の歴史的・時系列的な関係性（2 章の 6）が影響している．

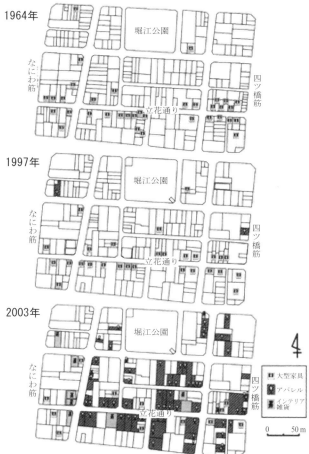

図 8.11　1964 年から 2003 年にかけての堀江の店舗構成の変化
（川口 2008．現地調査および住宅地図による）

また 2000 年代の堀江のまちでは，雑誌メディアを参考に自身のファッションをコーディネートしてまちを訪れる若者，その若者たちのファッションをみて取り扱い商品を検討する店舗，まちを歩く若者たちのファッションを掲載して別の読者の参考とする雑誌メディアの 3 者が相互に関わり合うことで，まちが更新されたという（川口 2008）．これはパリコレやミラノコレクションに参加する著名なデザイナーや批評家，メディアによって世界中の流行が作られ，消費者はそれに踊らされるという，ファッションに関する従来の見解（立見 2016）とは異なる現象と位置づけられる．あえて単純化すれば，パリコレなどが「上からの文化の形成」，堀江でみられるものが「下からの文化の形成」ともいえる．

5．日本橋

日本橋は，戦後のラジオ関係から高度経済成長期の家電製品，その後のパソコン関係，アニメ関係の店舗へと主たる業種を変化させており，「西の秋葉原」ともいわれるまちである．もともとメインの通りは日本橋筋商店街が展開する堺筋であったが，近年はいわゆるオタク向けの専門店が集まる一本西側の日本橋筋西通商店街（通称オタロード，図 8.12）の方が人通りも多く賑わっている．まちの形成過程や街路形態からは，日本橋筋商店街が表通り，オタロードが裏通りといえるが，

図 8.12　大阪・日本橋「オタロード」の様子
（2017 年 2 月撮影）

今日では裏通りの方が賑やかであり，「ウラのオモテ化」と「オモテのウラ化」が生じてるようにみえる．「とらのあな」，「K-BOOKS」，「アニメイト」といったアニメ関係の商品を提供する大手企業の店舗もオタロードに立地する．東京の秋葉原では，これらの大手企業の多くは表通りの中央通りに立地し，裏通りの雑居ビルにはメイド喫茶や小規模なアニメ関係店が入居しており（6 章の 6），ふたつのまちは取り扱う商品やサービスは似ているが，まちの構造は異なっている．

大阪・日本橋における，アニメ関係の店舗を中心としたいわゆるオタクのまち，聖地への道のりは，旧電気街に当たる日本橋筋商店街から起こり（杉山 2020），オタクと呼ばれる人びとを取り込む形で進められた．オタクが自己表出場所を自宅からインターネット空間，そして実際の都市空間へと拡大させる中で，商店街側が彼らをまちづくりに取り込んでいく（和田 2014）．電気街の経営者が，彼らを受け入れる葛藤の中から，集団的な学習を通じて，ストリートフェスタのようなオタクが参加しやすい場が提供されたという．電気街の経営者が彼らを受け入れたことは，リチャード・フロリダ（2010 ほか）が都市発展のための 3 つの条件—T1 技術・ハイテク産業（Technology），T2 才能（Talent），T3 寛容（Tolerance）—のうちのひとつである「寛容性」に当てはまる（杉山ほか 2015）との見方もある．

6．鶴橋卸売市場

戦前，植民地支配していた朝鮮半島から，多くの人びとが労働力として日本へ渡ったが，当時の大阪は「東洋のマンチェスター」ともいわれるほどに工業が盛んであり，生野区には朝鮮半島からやってきた人びとが多く居住していた．今日でも同区には多くの外国人が居住し（図 8.13），御幸通商店街にはコリアタウンが存在する．

戦後，生野区の現 JR 鶴橋駅に隣接した場所に，韓国，北朝鮮，中国，台湾，日本の東アジア 5 か

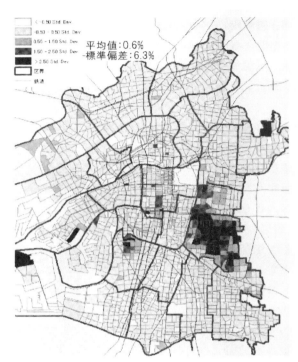

図 8.13　2000 年の大阪市内における外国人比率
の分布（水内 2006．国勢調査による）

図 8.14　JR 鶴橋駅の改札の外に広がる卸売市場の様子
（2012 年 10 月撮影）

図 8.15　鶴橋卸売市場内のブライダルショップで
みられる朝鮮半島の民族衣装（2012 年 10 月撮影）

国をルーツとする人びとによって闇市が開設され
た．近年，一部の建物について，老朽化や立ち退
き，それに対する反対運動が展開されて裁判にな
るなど，今後の動向が注目されるが，闇市を思わ
せる雑然とした賑わいは今日にも残されている．
図 8.14 中には JR 鶴橋駅の柱と改札機をわずかに
みることができる．改札を出て数秒でこの市場に
到着するため，この市場が地域住民の生活に密接
に関わることを想像させる．
　2000 年代以降の韓流ブームの影響もあり，こ
の市場にも焼き肉屋が並ぶ通りがあるが，その一
角にあるブライダルショップには，結婚式など特
別な機会に着用する民族衣装のチマ・チョゴリが
展示されている（図 8.15）．同じ市場でも，例え
ば京都で 400 年の歴史を有する錦市場は，国内外
の広い範囲から訪れる観光客向けの商品を提供す
る側面も強いが，鶴橋卸売市場は近隣に住む地域
住民に対する商品が中心であり，この地域に住む

人びととの関わりを垣間見ることができる．

9章　地方都市のまち

1. シャッター街の中からまちの特徴を見出す

　4章の2でもみたとおり，日本の地方都市の中心市街地には，モータリゼーションの進展や郊外へのSCやロードサイド店の立地により消費者を奪われて人通りが減少し，閉店した店舗が並ぶいわゆるシャッター街となっているまちも多い．まちによって程度の違いはあるものの，このような状況は日本中の地方都市でみられる現象といってよい．

　そのように，一見，「どこでも同じ」ようにみえる地方都市のまちも，詳しくまちの特徴や構造をとらえていくと，まちごとの違いを見つけることができる．多くのまちで展開されている活性化に向けた取り組みも，その特徴や構造を踏まえて実情に合ったものであるべきである．本章では，地方都市のまちを地理的な見方・考え方でその特徴や構造をとらえながら，一見すると見落としてしまいがちなまちの特徴を探っていきたい．

2. 甲府のまち

【公共施設と駅周辺の整備】

　甲府の中心市街地内のまちも，ほかの地方都市と同様，今日は人通りが少なくシャッターを下ろす店舗が多くみられる．近年は，JR甲府駅に近い山梨県立図書館や甲府市役所，山梨県庁などが市民・県民等が利用しやすいような形で整備されたことで利用者が増え，また駅前整備によってその広場でイベントが活発に行われるなどにより，駅周辺では人通りが戻ってきたようにもみられるが，かつて最も賑わった通りの一つでもある銀座通りやかすがもーる（旧電気館通り）は，駅からおよそ1kmの場所に位置し比較的駅から離れていることで（図9.1），依然として人通りも少なく，シャッターを下ろした店舗も多い．車で移動する生活に慣れた人にとって，歩く距離として1km

はかなり遠く，駅周辺に集まった人びとを，どのようにまちの回遊につなげるかが課題となっている．その中で，中心市街地を回る無料のコミュニティバス「レトボン」が，2017年に財政上の都合で廃止されたことは，大きな痛手といえる．

【街なか居住・コンパクトシティ】

　銀座通りの近くには，現在，デュオヒルズ甲府という14階建てのマンションが建っている（図9.2）．これは多くの地方都市で行われている街なか居住政策の一貫として建設されたものであり，都市のコンパクト化に向けた政策でもある．都市の中心部に多くの人が居住することで，自動車に頼らない生活を実現することや，インフラやライフラインの整備・補修，そのほか諸々の公共サービスを提供する範囲をできるだけ狭めることにより，逼迫している財政支出を抑えることが急務となっている．逆にいえば，限られた財政の中で広域に広がった都市空間全域に対して公共サービスを提供するのは極めて困難な状況であり，地方都市において都市のコンパクト化は喫緊の課題である（4章の2）．

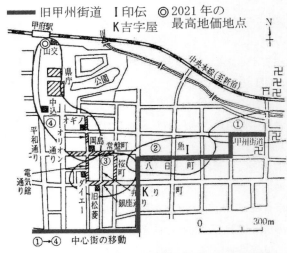

図9.1　1970年代の甲府市中心市街地と中心地の移動
（杉村1978に加筆）

図 9.2　スーパー跡地に建設された甲府市中心市街地のマンション（2018 年 10 月撮影）

【県外スーパーの立地・撤退と跡地利用】

　デュオヒルズ甲府が建つ場所は，1970 年代には山梨県内初の県外資本であったスーパーのダイエーが立地しており（図 9.1），同店舗が進出する際には大きな話題となった．店舗が地元の店舗か域外の店舗かという点には大きな違いがある．域外の店舗であれば，得られた収益のかなりの部分が本社へ吸い上げられるため，地元の店舗に比べて地域に還元される割合が低くなるためである．ただし県外資本の大型店は，法人税が得られることに加えて，その規模の大きさから地域に対して多くの雇用を生むため，今日ではその誘致が積極的に進められる場合が多い．そのダイエーも後に撤退すると，地元発祥のスーパー・オギノが入居していたが，これも 2009 年 2 月に閉店した．以後，建物が解体される 2014 年 11 月までの間は空き店舗の状態が続き，苦しい中心市街地を象徴する存在であった．

　大型店は中心市街地へ人を呼び込むための核店舗として重要な存在であるため，オギノが撤退した後,甲府市としては別の店舗の誘致を試みたが，これが上手くいかなかった．その理由のひとつに東日本大震災があげられる．この震災以降，全国的に建物の耐震基準が高まり，同ビルで店舗を再開する場合には耐震補強が必要となったことで，より多くの開業資金が必要になった．この状況下では開業する店舗はみつからず，不動産会社への

権利の売却を経て，上記マンションが建設されることとなった．マンションができ多くの人がここに住むことによって，周辺の店舗は若干の売り上げの増加に寄与することはあり得るが，マンションは居住者以外の人を引き付けることはできないため，この一帯の人通りの増加にはつながっていない．

【老舗百貨店発祥の地に建設されたマンション】

　甲府駅から徒歩 12 分の場所には，地元甲府市発祥の老舗百貨店岡島が立地する．その 150m ほど東には，レーベン甲府中央というマンションが立地するが，ここには以前は岡島の事務センターがあった．ここは後述するかつて賑わいの中心であった旧甲州街道に近く，呉服店として始まった岡島の発祥の地でもあった．バブル崩壊以降の不況下で買回り品の買い控え（5 章の 1）や中心市街地の衰退の中で，岡島の経営も厳しくなり，今ではマンションに変わっている．老舗百貨店が創業の地を手放すことは，苦渋の決断であっただろう．

【「敵に塩を送る」に関わるガソリンスタンド】

　デュオヒルズ甲府を東に進み銀座通りを通りアーケードの終わりまで進むと，昭和シェルのガソリンスタンドが目に入る．一見，何の変哲もないガソリンスタンドにみえるが，非常に歴史があり，地元では有名な企業である．

　ことわざに「敵に塩を送る」という言葉があるが，これに直接関わる店舗なのである．創業は戦国時代の 1568 年で,創業者の塩屋孫左衛門によって当時は塩が扱われていた．上記のことわざは，海なし県である山梨県（甲斐の国）の武田信玄が，三国同盟の破棄によって今川氏が占拠する静岡県方面の太平洋から塩を採ることができなくなるという窮地の中で,当時交戦状態にあった新潟県（越後の国）の上杉謙信より塩が送られたことに由来する.その際に，新潟県から山梨県へ塩を持ち帰ったのが塩屋孫左衛門であり，その際の功績を称えて当時甲斐の国で用いられていた金貨の裏に描か

図 9.3　ガソリンスタンド・
吉字屋と建設許可票
（2011 年 8 月撮影）

れていた「吉」の一字を屋号に与えられて「吉字屋」となった.

　吉字屋は，後に灯油を扱うようになり現在のガソリンスタンドへと繋がるが，今日では石油の販売のほか太陽光発電なども手掛けている. 伝統のある企業であり，社長の高野孫左ヱ門は，歌舞伎役者のように代々「孫左ヱ門」の名前を襲名する. ガソリンスタンド横の建物に掲げられている建築業の許可票にも「代表取締役　高野孫左衛門」の記述がみられる（図 9.3）. 彼はガソリンスタンドのほか，自動車販売の山梨トヨペットの社長なども務めている.

【印傳屋上原勇七】

　もうひとつ，歴史のある店舗として印傳屋上原勇七があげられる. 印伝とは，鹿革に漆付けをする独自の技法によりつくられた袋物などの製品であり，印度から伝来したことが名称の由来とされている. 現在はこの上原勇七による店舗のみとなったが，かつてはこれをつくる業者が山梨県内に複数存在した. 上原勇七の印傳屋は本能寺の変があった 1582 年に創業し，1987 年には経済産業大臣指定の伝統的工芸品に指定されている. 十返舎一九の滑稽本『東海道中膝栗毛』にも，「腰に提げたる 印伝の巾着を出だし 見せる」というように，印伝の巾着を武士に売る場面が描かれている. 印傳屋による甲州印伝の技法は，家伝の秘宝として代々の社長にのみ口伝されるといい，ここ

でも上原勇七という名が継承されている.

【吉字屋と印傳屋上原勇七の位置】

　吉字屋も印傳屋上原勇七も，甲府市中心市街地の中では比較的人通りが多い JR 甲府駅からはかなり距離があり，まち外れに位置しているように感じる. 土地の価格である地価は，土地に対する経済的価値の総合的な値といえるが，国税庁のウェブサイトから 2021 年の「財産評価基準書路線価図」の値をみると，甲府市中心市街地の最高地価地点は，甲府駅のすぐ南，かつての山交百貨店，現在のヨドバシカメラが立地する場所の付近である. 吉字屋や印傳屋は現在でも山梨県内における有力な企業・店舗であるにもかかわらず，賑わいある駅付近からはかなり距離があるのは，これらの通りは旧甲州街道沿いに位置し，戦国時代や江戸時代などかつては最も賑わった場所であったためである（図 9.1）. 過去の地図をみてまちの歴史を知ることは，今のまちの特徴や構造を理解することにもつながるのである.

【甲府城と甲府駅の位置】

　4 章の図 4.14 でもみたように，日本の都市の多くは城下町を起源としており，そこへ明治以降に鉄道駅が開設されると，駅の方向に向かって中心地が移動した都市が多く，甲府市でもこれは例外ではない. なお，図 4.14 に示された 4 つの類型に甲府市を当てはめると，大手門とは反対側に駅がおかれ，しかも城郭と駅が近い Ⅳ の類型に近い.

　近年，歴史的なまち並みを復元するためのまちづくりの一環として，甲府駅北側において甲府城

図 9.4　甲府城の中に開設された JR 甲府駅
（2012 年 8 月撮影）

の城郭の一部が復元されたが，甲府駅の北側と南側に城郭およびその一部が存在しており，甲府駅は甲府城の中に開設されたことがわかる（図 9.4）．江戸時代の後期，甲府は江戸幕府の直轄地・天領であった．時代が薩長土肥による新政府の時代に移ると，戊辰戦争の際に激しく抵抗した長岡藩など旧幕府側の藩や天領の城下町では，城郭を取り壊す形で駅が開設された場合もあり，甲府城もその一例とも考えられる．

3. 木更津のまち

【アクアラインと木更津の商業】

　木更津市は，1997 年に東京湾アクアラインが開通するものの，開通直後の 1 年間は交通量が少なく予測値の半数にも満たなかった．期待していた企業や店舗等の誘致は進まず，人口が減少したことも影響し，市全体の小売業年間商品販売額は急減した．1990 年代は，バブル崩壊によって日本全体で小売販売額は減少したが，木更津市の減少幅はそれを大きく上回った．しかし，2009 年からETC 搭載の普通車の通行料を 800 円とする社会実験を実施すると利用者は急激に増加し，2016 年には開業年の 4 倍になった．これに伴い，木更津市内にも SC として国内最大級の規模を誇る三井アウトレットパーク木更津やイオンモール木更津が立地するなど，小売業の販売額も上昇した．

【木更津市の大型店】

　今日の木更津市の商業を牽引するのは大型店である．図 9.5 から木更津市内における大型店の分布傾向をみると，特に規模の大きいイオンモール木更津や三井アウトレットパーク木更津の周辺に，これらには規模で劣る量販店などが立地する様子がみられる．三井アウトレットパークはその性質上，服飾関係の店舗が中心だが，周辺の店舗はそれとは差別化された業種が立地しており，大型店の立地により，木更津市では商業集積が進むとともに業種が多様化し，商業環境が向上したといえる．かつては中心市街地の大規模な百貨店や

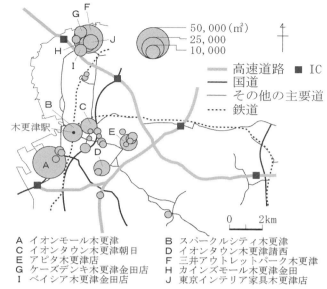

A　イオンモール木更津　　　　B　スパークルシティ木更津
C　イオンタウン木更津朝日　　D　イオンタウン木更津請西
E　アピタ木更津店　　　　　　F　三井アウトレットパーク木更津
G　ケーズデンキ木更津金田店　H　カインズモール木更津金田
I　ベイシア木更津金田店　　　J　東京インテリア家具木更津店

図 9.5　木更津市における大規模小売店舗の分布
（牛垣ほか 2020．木更津市中心市街地活性化基本計画による）

スーパーなどが核店舗として消費者を引き付け，その集客力に便乗する形で周辺の個人店も恩恵を受けたが，今日では大型店同士で似た傾向がみられる．

【木更津市の中心市街地】

　一方，かつての買い物の中心地であった中心市街地のまちは，店舗が減少し，人通りもまばらとなっている．象徴的なのが JR 木更津駅前の商業施設・スパークルシティ木更津である．かつては百貨店の木更津そごうが入居していたが，これが2000 年に閉店した後はフロアの利用が安定せず，2018 年 2 月現在では，地下 1 階から地上 9 階までの 10 フロアのうち，4 つのフロアは完全に空きフロアとなっており，3 つのフロアでは市役所，市議会，ハローワークが入ることでかろうじて埋めている状況である．フロアガイドにみられる「COMING SOON」が寂しく映る．大型店の集積により買い物環境が改善されたものの，それらはいずれも自動車の利用を前提として多くは郊外に立地しており，中心市街地のまちの衰退は顕著である．

【市役所が入るイオン】

　まちなかには，イオンタウン木更津朝日という中規模な SC がある．この 2 階には木更津市役所が入っており（図 9.6），特に市民課など市民が利用する機会の多い部署が入居している．市民としては，行政手続きのついでに買い物ができるために便利である．またイオンタウンが運営する無料送迎バスは，木更津市の中心市街地に立地する病院などの主要な施設を巡回するため，自動車を運転しない高齢者などにとっても都合がよい．そのためこのイオンタウン木更津朝日の共有スペースでは，多くの女性高齢者が集まり，2 〜 4 人などのグループで談笑する様子がみられ，この場所がコミュニティを結び付ける役割を果たしている．

　この SC が市民の生活を支えているともいえるが，これを運営するのはイオンタウンという一企業であるため，そこに過度に依存するような体質であれば，そのイオンが撤退した場合は高齢者などの買い物を含めた生活環境が極度に悪化する懸念もある．例えば，9 章の 2 で触れた甲府市中心市街地のライオンズタワー甲府の低層階の商業施設ココリには，中心市街地に住む人びとの買い物環境を向上させるために，甲府市との間の取り決めに基づき，イオンのスーパーが入居していた．しかし郊外に立地するイオンモール甲府昭和の増床が済むと，そのこととの因果関係は不明だが，ココリのスーパーは 2020 年 11 月に撤退することとなり，近隣に住む人びとの買い物環境は著しく低下した．このように，一社の民間企業にのみ強く依存する構造にはリスクが伴う．

【木更津市の個人店】

　自動車を運転する人にとって，木更津市は買い物に便利な環境ではあるものの，イオンモール，イオンタウン，アウトレットに入居する店舗やそれらの周辺に立地する店舗の多くは大手企業のチェーン店であるため，木更津市民は全国的に一律の商品を扱う商業施設において均質化した消費生活を送っているとも考えられる（5 章の 2）．

図 9.6　市役所が入るまち中のイオンタウン
（2018 年 2 月撮影）

　一方で，木更津市郊外の高速道路のインターチェンジにアクセスしやすい場所に位置する請西南などに，戸建住宅が立ち並ぶニュータウンがみられるが，こういった地区で，例えば北欧風の建物デザインで北欧の食べ物を提供するカフェ（図 9.7）や，米粉ケーキの専門店，ペンダント・指輪・ネックレスといったシルバーアイテムや財布・カバンといったレザーアイテムをハンドメイドで製作する店舗など，個人が経営するユニークな店舗，おしゃれな店舗が存在する（2018 年 10 月久保薫調査）．一般的に地方都市の郊外では，自動車の利用を前提に，郊外のロードサイドに立地するか SC に入居するチェーン店で消費活動を行うことが多い．木更津市では，その自動車利用を前提とした郊外のロードサイドにおいて個性的な個人店が多く立地し，差別化された消費活動を送ること

図 9.7　郊外に立地する個人経営の北欧風カフェ
（2018 年 10 月久保薫撮影）

ができる．

　なお，この 9 章の 3 の内容は，主に牛垣ほか（2020）に基づく．

4．三島のまち

【個人店が残る三島大通り商店街】

　新幹線・こだまの停車駅でもある JR 三島駅から南へおおよそ 800m，東西方向に伸びる東海道沿いに展開するのが三島大通り商店街である．遅くても 1180 年よりも前に現在地に鎮座し，伊豆国の一宮であり源頼朝も崇敬したとされる三嶋大社の門前町で，東海道の 11 番目の宿場町でもあり，歴史のあるまちである（図 9.8）．地方都市の多くの中心商業地がシャッター街となり苦しい状況にある中で，このまちは比較的シャッターを下ろした店舗は少なく，またチェーン店ではなく個人店が多く残っているように感じる．今日でも三島市の中心商業地であり，これほどまでに長きに渡り地域の商業的中心であるまちも珍しい．

【JR 三島駅周辺の土地利用と新幹線通勤】

　三島大通り商店街に個人店が残る理由として，以下の点が考えられる．ひとつ目として，JR 三島駅周辺の商業立地が限定的であったことがあげられる．日本では，多くの都市において旧城下町時代の町人地から鉄道駅が開設された地点へと商業の中心地を移動させたが（図 4.14），JR 三島駅は新幹線の停車駅で静岡県東部における交通の要衝であるにもかかわらず，また駅の周辺には日本

図 9.8　三島大通りの様子（2019 年 10 月撮影）

図 9.9　JR 三島駅近くの駐車場の様子
（2019 年 8 月撮影）

大学国際関係学部や順天堂大学保健看護学部のキャンパスがあり若者が多数集まるのにもかかわらず，駅周辺における商業集積は限定的であり，大型店はみられない．これは，特に駅の北側を中心に駐車場（図 9.9）やロータリーとして利用されており，大規模な商業施設を立地させる空間が存在しないためと考えられる．

　駅付近が駐車場として使用されるのは，自宅から駅まで自動車で来た人が駐車するためである．三島駅から東京駅までは新幹線で 1 時間に満たないため，東京の都心部で働く人が三島駅周辺に住み新幹線で通勤する人が増えているが，住宅から駅へ移動するためのバスの本数が少ないため，多くの人が自動車で訪れている（古田・牛垣 2022）．人の移動の結節点となる駅周辺に商業面で活気がみられないのは，地方都市でありながらも鉄道を利用した通勤者が一定程度存在し，今後も東京通勤圏として居住者の増加が期待されているこの地域ならではといえる．

【宿場町の地割】

　三島大通り商店街に個人店が残っている理由のふたつ目として，この通りがかつての宿場町であり，個々の建物やその下の土地が，宿場町特有の間口が狭く奥行きが長い長方形の形状であることが関係する．幅が狭いために店頭に駐車場を確保しづらく，仕入れのためのトラックの駐車場が不可欠である CVS などのチェーン店が立地しにくい．その結果として個人店が残り，また新たに開

図9.10　三島市中心市街地を流れる源兵衛川
に集う人びと（栗山ほか2021）

業する店舗も個人店が多いと考えられる．これは
まちにおける歴史的影響（2章の6）の一側面と
いえる．

【富士山の湧水を利用した親水空間】

　そのほかの三島のまちの魅力として，源兵衛川
など富士山の湧水を利用した親水空間があげられ
る（図9.10）．三島は「水の都」ともいわれており，
富士山の湧水が流れる小河川沿いには遊歩道やベ
ンチが整備されるなど，市民の憩いの場となって
おり，家族で訪れる人びとや，若者同士で語り合
う様子をみることができる．三島市観光協会の
ホームページによると，この水温は年間を通じて
15〜16度で保たれるため，夏は涼しく，冬は暖
かく，人びとに暮らしやすさをもたらしており，
自然条件の影響を受けたまちの事例といえる．「自
然と人間の関係」を伝統的に研究してきた地理学
者が好む場所とも考えられる．

　そのほか，約1万年前の富士山噴火の際に流れ
た溶岩の上に実生した樹木や野鳥などを観察で
き，伊豆半島ジオパークのジオサイトに指定され
た楽寿園といった観光施設がまち中にある点も魅
力である．

　なお，この9章の4の内容は，主に栗山ほか（2021）
に基づく．

5．秩父のまち
【人口6万人のまちに残る個人店や百貨店】

　埼玉県内の市で最も面積の広い秩父市の北東
部，秩父盆地に広がる市街地内のまちには，いく
つかの特徴がみられる．2021年11月現在で人口
が6万人ほどの小さな市の中のまちであるにもか
かわらず，江戸時代から六斎市や絹市が立ち，山
村で織られた絹織物の集散地として賑わった（小
原・菅野2009）．西武秩父駅の西側，南西方向か
ら北東方向へ続く上町通りや中町通り沿いに続く
商店街は，個人店を中心に多くの店舗が開いてお
り，比較的シャッターを下ろした店舗は少ない．

　また，人口規模が小さな都市にもかかわらず，
江戸時代は酒造業であった地元発祥の百貨店で
ある矢尾百貨店が顕在であることも面白い（図
9.11）．5章の1でみたように，1990年以降のバ
ブル崩壊以降，不況の中で高級品や買い回り品を
扱う百貨店は苦しい状況が続き，多くの店舗が店
を閉じた．例えば川崎市は人口150万人を超す大
都市にもかかわらず，銀座・新宿・渋谷といった
東京の繁華街の影響を受けるため，市内唯一の百
貨店が2015年5月に閉店した（7章の1）．

　その中で矢尾百貨店が存続している背景とし
て，秩父盆地が関東平野からは地形的に隔絶され
（図9.12），高速道路などの幹線道路から離れてい
るために，大規模なチェーン店が立地しづらいと
考えられる．例えばスーパーやCVSなどのチェー

図9.11　秩父市中心部の矢尾百貨店の外観
（2017年6月撮影）

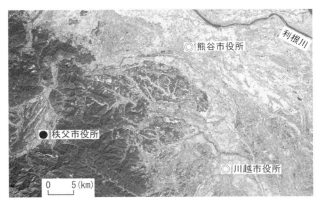

図 9.12　秩父の位置と周辺の地形
（地理院地図による）

**図 9.13　登録有形文化財に指定されている
秩父市内の建物の外観**（2017 年 6 月撮影）

ン店の棚に並ぶ商品の多くは，商品の配送等の拠点となる物流センターから，幹線道路を通ってトラックで運ばれる．弁当など食料品を中心に賞味期限が短い商品は迅速に商品を製造工場から物流センターへ，物流センターから店舗へと配送する必要があり，店舗は物流センターや高速道路等の幹線道路から遠い場所には立地しにくい（箸本 2015）．その影響か，秩父盆地にはチェーン店が比較的少なく，その大規模な店舗も少ない．加えて秩父盆地に住む人びとも，自動車で盆地外のSC へ買い物に行くにも時間がかかるため，比較的自宅付近の店舗を利用する場合が多く，これにより百貨店や個人店が比較的残っていると考えられる．

【まちに残る大正・昭和のまち並み】

　秩父のまちが関東平野の中の幹線道路や大都市から一定程度離れており，外部資本の店舗の立地や大規模開発といった変化が比較的緩やかであったことは，まち並みにも表れている．まちに個人店が残るように，いわゆる昭和のまち並みといわれるような古い建物，趣のあるデザインの建物が数多く残されている．図 9.13 にみられるのは，秩父神社の参道に位置する番場通り沿いにあるカクテルバー・スノッブと現在は閉業した小池煙草店であり，いずれも文化庁の登録有形文化財に指定されている．同じ埼玉県内の川越などが文化庁

の伝統的建造物群保存地区（重伝建）に指定されるように，まち全体として積極的にまち並みが保存・整備されているわけではないが，大正から昭和初期にかけて建設された建物が点在しており，その何気なく自然な形で残されている景観が，近年ではレトロなまち並みとして人気となっている．

6.　高松のまち

【賑わいが残るまち】

　香川県の県庁所在地である高松市の中心市街地を訪れると，平日の午前中にもかかわらず，国内のそのほかの地方都市と比べて相対的にではあるが，きれいに整備されたまち並みと人通りの多さに驚かされる．まちの北側には三越百貨店が立地し，その近くには世界的な高級ブランドといえるティファニーやコーチの専門店もある（図 9.14）．繰り返しではあるが人口 150 万人都市である川崎市には百貨店が存在しないにもかかわらず（7 章の 1），人口 42 万人都市（2021 年 11 月 1 日現在）の高松市のまちにこのような買い回りの店舗があるのも面白い．

【丸亀町商店街の取り組み】

　このまちで特筆すべきは，高松城跡の南に位置する丸亀町商店街による以下の取り組みである．①商店街全ての土地所有者が「まちづくり会社」

図 9.14　高松市丸亀町商店街の様子
（2015 年 3 月撮影）

図 9.15　高松市丸亀町商店街におけるゾーニング
のイメージ（丸亀町商店街振興組合資料）

と 60 年間の定期借地契約（定められた期間のみ土地を貸借する契約）を結ぶことで，全国で初めて実質的に土地の「所有と利用」の分離に成功した．②商店街の全体のコンセプトを統一するために，そぐわない商店を廃業させた．③商店街の品揃え構成の最適化を図るために，業種構成を見直し商売替えの要請や域外からの店舗誘致を行った．④商店街をゾーニングし（図 9.15），それに合わせて店舗配置の最適化（立地移動）を行った（川端 2013）．

通常，自然発生的に形成された商店街では，商店街を構成する店舗の店主が，店舗が立地する場所の土地や建物の所有権を有する場合が多い．そのような店舗では，商品の取扱いや営業時間，イベントやサービスの内容など，諸々の経営判断は店主の意思決定に基づいて行われる．店主は一国一城の主であり，店舗を開こうが閉めようが勝手である．近年の地方都市の中心市街地では来訪者の減少によりシャッターを閉める店舗も多いが，土地や建物を所有し，かつ店主がその建物に住んでいる場合，店舗の入れ替えが生じにくいため，そのような店舗が多いまちではシャッター街になりやすい（五十嵐 1996，栗山ほか 2021）．長年，商売を行っていれば，他人から経営に対して意見や指示を受けることは面白くないと感じる店主も多い中で，この商店街では全ての土地所有者が土

地の利用の権利をまちづくり会社に譲ったことは驚きである．店がシャッターを下ろせば，それはその店だけの問題ではなく，そのような店が増えればまちへ訪れる人も減少するため，まち全体の問題でもある．この商店街の地権者は，まちに対する意識が非常に高いといえる．

土地の所有と利用を分離したことにより，商店街をゾーニングし，店舗配置を最適化（立地移動）することを可能にした．一般的に SC などではゾーニングが行われ，利用者の目線に立って計画的に店舗が配置されるが，商店街では個々の店主が自身の意思に基づき店舗を立地し商品が扱われるため，通常ではそれは不可能である．その結果として商店街はさまざまな業種の店舗が混在し雑然とした様相を呈するが，近年ではそれがいわゆる「昭和のまち」として人気になったりもする．

【讃岐うどん】

なお，香川県にきたのであればぜひ讃岐うどんが食べたいと思い，中心市街地にある麺処綿谷といううどん店に入った．昼時になると行列ができ，店内は香川県民の男女で一杯となった．仕事の同僚らしき人と訪れる人も一人で訪れる人も，男性も女性も，黙々とうどんを食べるその様子から，香川県民は本当にうどんが好きであることを感じさせる．

7. 高知のまち

【日曜市】

　高知市のまちの中では，中心商業地である帯屋町壱番街商店街に並行して立ち並ぶ日曜市が目につく（図 9.16）．これは 1690（元禄 3）年から始まったとされ，300 年以上の歴史を有する．固有の店舗を有さないことがここで販売をする条件であり，自家生産による農産物，花卉，青果，茶などが販売されている．近年では出店者の高齢化もあり，その数は減少している．出展者は，販路を日曜市以外に求める傾向もあるが，これ自体は顧客とのコミュニケーションを楽しむ場として生きがいに感じているという（中村 2016）．個人商店で重視される店主と顧客とのやり取りが（5 章の3），定期市においてもみることができる．

【ひろめ市場】

　もうひとつ，日曜市と並んで興味深いのは，日曜市を開いている通りの西の端，高知城近くに位置する「ひろめ市場」である．商店街の活性化を意図して 1998 年に企画，開設された市場である．観光客向けに地元の物産が販売されているが，その中の「自由広場」にはイスとテーブルが並び，周りには地元の物産を販売する店が並び，あたかも SC のフードコートのような光景がみられる（図9.17）．酒類も提供されており，その盛り上がった雰囲気から，ここに集まるのは観光客というよりは地元の人びとが中心と感じさせられる．高知市中心市街地付近に住む人は，日常的にここを訪

図 9.17　高知市内のひろめ市場における広場の様子
（2015 年 3 月撮影）

れ，ここで出会った友人たちと交流する様子を想像させ，ヨーロッパの広場を思わせる．

【ヨーロッパの広場】

　多くがキリスト教信者であるヨーロッパでは，都市の中心に位置する教会での礼拝後に，付近の広場で談笑することが日常的に行われているという．西欧では日本の家庭内の団らんに当たるものがまち全体に広がっているともいわれるが（芦原 1979），共同体意識の強いヨーロッパの人びとにとってコミュニケーションの核となるのが広場である．日本の都市には，共同体が時間と場所を同一にする機会も場所も少ないため，地域に住む知人や友人と交流する機会はなかなか得られない．その中で，このひろめ市場では，ヨーロッパの広場ほどではないにしても，多少なりともその役割を果たしているようにも思える．なお図 9.18

図 9.16　高知市の日曜市の様子（2015 年 3 月撮影）

図 9.18　Google MAP のストリートビューでみたドイツ・ネルトリンゲンの広場の様子
（2019 年 4 月撮影，2021 年 11 月閲覧）

図 9.19　イオンモールで開催されるよさこい祭り
（よさこい祭り公式ウェブサイトより）

図 9.20　衛星画像でみる長崎市の市街地
（地理院地図による）

は，かつての城壁都市の例として地理の教科書や専門書などにたびたび取り上げられるドイツのネルトリンゲンにおける広場の様子である．Google MAP のストリートビューの機能を使えば，誰でも簡単に海外のまちの様子をみることができ，便利である．

【よさこい祭り】

　最後に，戦後復興の中で生まれたよさこい祭りは，今日では会場や開催地も多様な形で展開している．当初は町内会や商店街が担い手であったが，今日ではイオンモール高知がその会場にもなっている（内田 2021，図 9.19）．9 章の 3 でみた木更津市においても，市とイオンが強く連携している様子がみられたが，高知市においてもそれを感じさせる光景である．地方ではイオンをはじめとする SC と人びとの生活とは，切っても切り離せない関係にあることを思わせる．

8．長崎のまち

【坂の多いまち】

　長崎県の長崎市は，坂のまちとして有名である．地理院地図の衛星画像をみても，JR 長崎駅付近の中心部のすぐ近くに黒く表現された丘陵地が迫っており，平地が少ない様子がわかる（図 9.20）．坂本龍馬が設立した日本で最初の総合商社ともいわれる亀山社中の跡地へ向かう階段状の道の周り

図 9.21　長崎市の傾斜地に広がる住宅地
（2016 年 3 月撮影）

にも住宅地が広がっており（図 9.21），この一帯に住む人びとが坂と共に暮らしていることを思わせる．

　このような細街路が多い傾斜地では，自動車が利用できない場所も多い．統計をみると，東京・大阪・名古屋といった三大都市圏と札幌・仙台・広島・福岡といった地方中核都市を除く人口 40 万人以上の地方都市を対象に，人口 1 人当たりの自動車保有台数を示した表 9.1 をみると，長崎市は 0.22 で最大値を示す宇都宮市の半分以下の値あり，ここに掲載した 15 の地方都市の中では最小である．ほかの地方都市と同様，長崎市においてもモータリゼーションは進展しているものの，相対的には車への依存は弱いといえる．

【中心市街地のまちと個人店の利用】

　ほかの地方都市のように，自動車を使って郊外の SC などで買い物をする機会が少ないためか，

**表 9.1　人口 40 万人以上の地方都市における
人口 1 人当たり乗用車保有台数（2010 年）**

	A 人口 （人）	B 乗用車保有 台数（台）	B/A
宇都宮市	511,739	241,249	0.47
富山市	421,953	175,742	0.42
金沢市	462,361	181,556	0.39
浜松市	800,866	307,985	0.38
新潟市	811,901	292,452	0.36
大分市	474,094	164,678	0.35
静岡市	716,197	247,502	0.35
高松市	419,429	144,857	0.35
岡山市	709,584	243,244	0.34
倉敷市	475,513	159,263	0.33
宮崎市	400,583	133,180	0.33
熊本市	734,474	237,820	0.32
鹿児島市	605,846	193,785	0.32
松山市	517,231	147,327	0.28
長崎市	443,766	98,874	0.22

（自動車検査登録登録協力会資料と国勢調査による）

**表 9.2　人口 40 万人以上の地方都市における
小売業の 1 事業所当たりの売場面積（2016 年）**

	A 事業 所数	B 売場面積 （㎡）	B/A
大分市	2,975	713,114	240
宇都宮市	3,239	736,919	228
高松市	3,058	680,814	223
岡山市	4,599	957,446	208
倉敷市	2,963	613,374	207
松山市	2,987	591,528	198
新潟市	5,650	1,082,968	192
富山市	3,106	544,522	175
浜松市	5,447	952,300	175
熊本市	4,292	746,230	174
宮崎市	2,878	483,966	168
金沢市	3,522	590,082	168
鹿児島市	4,218	617,030	146
静岡市	5,507	733,583	133
長崎市	3,357	357,276	106

（経済センサスによる）

JR 長崎駅周辺の中心市街地のまちは，比較的人通りが多いように感じる．ゆめタウン夢彩都やアミュプラザ長崎，みらい長崎ココウォークといった大型店は，JR 長崎駅に近い中心部に立地しており，多くの消費者を引き付けている．ほかの地方都市のように，中心市街地 vs 郊外の図式が弱く，かつての地方都市中心市街地のように，大型店 vs 個人店の図式が残っているようにも思える．

　もうひとつ統計として，表 9.1 と同じ地方都市を対象に，小売業 1 事業所当たりの売場面積をみると，この数値においても長崎市は最小値であり（表 9.2），大分市，宇都宮市，高松市と比べて半分以下の値を示している．相対的に大規模な小売店が少なく小規模な個人店が多いことが，この数値に反映されていると考えられる．

　長崎市の人びとがまち中の店舗を利用していることは，飲食店に入っても感じることができる．長崎空港から長崎駅へ向かうシャトルバスを降りて目の前にある「えきまえ食堂」に入ると，豊富なメニューと出入りする人の多さに驚かされる．図 9.22 は，長崎歴史文化博物館から JR 長崎駅に向かう人通りの少ない通りに立地する，一見，何気ない個人経営の長崎ちゃんぽんの店舗ではある

図 9.22　長崎市のまち中にある個人飲食店
（2016 年 3 月撮影）

が，昼時になると店の奥のカウンター席 5・6 人分，テーブル席 2・3 組分が一杯となる．都心部付近に居住する人びとが，昼食などで近くの個人飲食店で食事をするためか，昼時になると多くの客で賑わう個人飲食店が多いように感じる．

文 献

青木栄一 2006.『鉄道忌避伝説の謎―汽車が来た町，来なかった町―』吉川弘文館.

芦原義信 1979.『街並みの美学』岩波書店.

阿部　潔 2006. 公共空間の快適―規律から監視へ―. 阿部　潔・成実弘至編『空間管理社会　監視と自由のパラドックス』18-56. 新曜社.

阿部亮吾 2003. フィリピン・パブ空間の形成とエスニシティをめぐる表象の社会的構築―名古屋市栄ウォーク街を事例に―. 人文地理 55：307-329.

阿部亮吾 2005. フィリピン人女性エンターテイナーのパフォーマンスをめぐるポリティクス―ミクロ・スケールの地理に着目して―. 地理学評論 78：951-975.

阿部亮吾 2011.『エスニシティの地理学―移民エスニック空間を問う―』古今書院.

網島　聖 2020. 近代日本の大都市における同業組合の制度と空間的スケール. 経済地理学年報 66：263-278.

新井智一 2005. 東京都福生市における在日米軍横田基地をめぐる「場所の政治」. 地学雑誌 114：767-790.

荒木俊之 2007.「まちづくり 3 法」はなぜ中心市街地の再生に効かなかったのか―都市計画法を中心とした大型店の規制・誘導―. 荒井良雄・箸本健二編『流通空間の再構築』215-230. 古今書院.

荒木俊之 2011. 岡山市市街地縁辺部における土地利用規制の変化とロードサイド型商業地の変容―県道川入巌井線沿いを事例に―. 立命館地理学 23：27-43.

五十嵐　篤 1996. 富山市における中心商店街の構造変化―経営者の意識との関係性を含めて―. 人文地理 48：468-481.

池田真志 2013. 食品宅配事業の多様化とネットスーパー. 土屋　純・兼子　純編『小商圏時代の流通システム』35-53. 古今書院.

石坂　愛・卯田卓矢・益田理広・甲斐宗一郎・周　宇放・関　拓也・菅野　緑・根本拓真・松井圭介 2016. 茨城県大洗町における「ガールズ＆パンツァー」がもたらす社会的・経済的変化―曲がり松商店街と大貫商店街を事例に―. 地域研究年報 38：61-89.

石原武政 2000.『商業組織の内部編成』千倉書房.

石原武政 2006.『小売業の外部性とまちづくり』有斐閣.

磯部　翔・牛垣雄矢 2021. 千葉市稲毛せんげん通り商店街の特徴と商業機能維持に向けての取り組み. 東京学芸大学紀要　人文社会科学系 II 72：109-124.

市川和子 2009. 水戸駅という若者の居場所. 人文地理 61：126-138.

市川康夫・周　雯婷・金子　愛・高橋　淳・劉　玲・中村昭史・山下清海 2013. 地方小都市における商業の役割と機能―富山県入善町中心市街地を事例に―. 人文地理学研究 33：29-66.

伊東　理 2011.『イギリスの小売商業　政策・開発・都市―地理学からのアプローチ―』関西大学出版部.

伊藤健司 2013a. 商業立地の刷新と中心市街地の衰退問題.

松原　宏編『現代の立地論』128-138. 古今書院.

伊藤健司 2013b. 大型ショッピングセンターの立地多様化と出店用地. 土屋　純・兼子　純編『小商圏時代の流通システム』195-213. 古今書院.

伊藤喜栄 1992. 変動する産業経済の地域構造. 石井素介編『産業経済地理―日本―』1-95. 朝倉書店.

伊藤喜栄監訳 2000.『人文地理学の基礎』古今書院.

伊富貴順一 1997. 郊外の「街」江坂と千里中央―来街者とメディアの分析を中心にして―. 人文地理 49：598-611.

稲葉佳子 2008.『オオクボ　都市の力―多文化空間のダイナミズム』学芸出版社.

岩間信之 2001. 東京大都市圏における百貨店の立地と店舗特性. 地理学評論 74A：117-132.

岩間信之 2013. フードデザート問題の拡大と高齢者の孤立. 土屋　純・兼子　純編『小商圏時代の流通システム』105-119. 古今書院.

岩間信之編 2013.『改訂新版　フードデザート問題―無縁社会が生む「食の砂漠」―』農林統計協会.

岩間信之編 2017.『都市のフードデザート問題―ソーシャル・キャピタルの低下が招く街なかの「食の砂漠」―』農林統計協会.

浮田典良 1970. 地理学における地域のスケール―とくに農業地理学における―. 人文地理 22：405-419.

浮田典良 1984. 人文地域総説. 浮田典良編『人文地理学総論』10-17. 朝倉書店.

牛垣雄矢 2006. 東京の都心周辺地域における土地利用の変遷と建物の中高層化―新宿区神楽坂地区を事例に―. 地理学評論 79：527-541.

牛垣雄矢 2008a. 川崎市における地域構造の変化―産業と商業地の動向より―. 地理誌叢 49（1）：16-33.

牛垣雄矢 2008b. 東京の都心および都心周辺地域における土地利用の実態と変化―1990 年代後半期を中心に―. 地理誌叢 49（2）：1-14.

牛垣雄矢 2010. 地理学における大縮尺地図の利用とその意義―近代期における東京の都市地域を事例に―. 日本大学文理学部自然科学研究所研究紀要 45：69-81.

牛垣雄矢 2011. 地価からみた東京における商業地の階層構造の変化―1975 年から 2009 年にかけて―. 地理誌叢 52（2）：24-34.

牛垣雄矢 2012. 東京都千代田区秋葉原地区における商業集積地の形成と変容. 地理学評論 85：383-396.

牛垣雄矢 2013. 東京都千代田区秋葉原地区における商業集積の実態と背景に関する一考察. 日本大学文理学部自然科学研究所研究紀要 48：1-9.

牛垣雄矢 2014. 商業地における地域的個性の形成に関する一考察―東京の都心周辺地域を事例として―. 学芸地理 69：30-45.

牛垣雄矢 2015a. 日本における商業空間の性格とその変化に関する一考察―盛り場からショッピングセンターに

いたる空間的性格の変遷より―．東京学芸大学紀要
　人文社会科学系 II 66：49-64.

牛垣雄矢 2015b．商店街と商業活動．大石　学・上野和彦・
　椿　真智子編『小学校社会科を教える本』109-113．東
　京学芸大学出版会.

牛垣雄矢 2016．学生の街・神田を歩く―大学における野
　外実習の記録―．学芸地理 72：65-77.

牛垣雄矢 2017．商業地を対象としたミクロスケールな地
　理学研究の対象・視点・方法―1990 年以降の論文を中
　心に―．新地理 65（2）：48-66.

牛垣雄矢 2018．景観写真で読み解く都市―都市の変化に
　注目してみよう―．加賀美雅弘・荒井正剛編『景観写
　真で読み解く地理』52-61：古今書院.

牛垣雄矢 2020a．都市圏と都市構造．上野和彦・小俣利男
　編『東京をまなぶ』24-29．古今書院.

牛垣雄矢 2020b．東京の近代都市整備と神楽坂における地
　域的個性の形成．法政地理 52：101-108.

牛垣雄矢 2021a．東京の都市地理学研究から考えるアメリ
　カ地誌．新地理 69（2）：105-109.

牛垣雄矢 2021b．川崎駅周辺地域における巡検の実践およ
　びビデオカメラで撮影した動画活用の効果と課題．学
　芸地理 77：151-166.

牛垣雄矢 2022a．地理学者が選ぶ日本の都市百選 7　東京
　都　神楽坂・秋葉原．地理 67（2）：66-73.

牛垣雄矢 2022b．日本やヨーロッパとの比較からアメリカ
　の都市や商業について考える．地理 67（4）：51-56.

牛垣雄矢・市野裕貴・高橋和宏・森　和音 2019．銚子市
　における中心商業地の実態と課題―特に飲食店と空き
　店舗の活用に着目して―．学芸地理 75：1-15.

牛垣雄矢・木谷隆太郎・内藤　亮 2016．東京都千代田区
　秋葉原地区における商業集積の特徴と変化―2006 年と
　2013 年の現地調査結果を基に―．E-journal GEO11（1）：
　85-97.

牛垣雄矢・久保　薫・坂本律樹・関根大器・近井駿介・原
　田怜於・松井彩桜 2020．アクアライン開通後における
　木更津市の地理的特徴・構造と地域的課題―特に交通
　的・人口的・商業的側面を中心に―．E-journal GEO15（2）：
　285-306.

内田忠賢 2021．戦後復興の中で創出された都市祝祭とそ
　の後の展開．人文地理 73：406.

大石貴之・津田憲吾・常木正道・神谷隆太・財津克裕・厳
　婷婷 2011．須坂市中心商店街における商業機能の変容
　と商店の対応．地域研究年報 33：177-195.

大崎本一 1989.『東京の都市計画』鹿島出版会.

大村未菜 2004．アパレル小売集積発展のメカニズム―原
　宿における実証研究から―．経済と貿易 187：37-54.

岡島　建 2001．近代の商工地図とその利用―神奈川県の
　例を中心に―．国士館大学文学部人文学会紀要 34：99-
　115.

岡本哲志 2003.『銀座―土地と建物が語る街の歴史―』法
　政大学出版局.

岡本哲志 2006.『銀座四百年　都市空間の歴史』講談社.

奥野隆史・高橋重雄・根田克彦 1999.『商業地理学入門』
　東洋書林.

長田　進・鈴木彩乃 2010．都市におけるオタク文化の位
　置付け―秋葉原と池袋を舞台とする比較研究―．慶應
　義塾大学日吉紀要　社会科学 20：43-72.

小野澤泰子・大道寺聡・橋本　操・厳　婷婷・陳　麗娜・
　盧　柳松・大石貴之・山下清海 2012．日立市における
　商業構造の変容．地域研究年報 34：161-180.

小原規宏・菅野峰明 2009．秩父地域．菅野峰明・佐野　充・
　谷内　達編『日本の地誌 5　首都圏 I』476-489：朝倉
　書店.

オルデンバーグ，R．著，忠平美幸訳 2013.『サードプレ
　イス―コミュニティの核になる「とびきり居心地よい
　場所」―』みすず書房.

加賀美雅弘 2011．記憶と戦略としてのエスニック景観.
　山下清海編『現代のエスニック社会を探る―理論から
　フィールドへ―』10-18：学文社.

片岡博美 2005．エスニック・ビジネスを拠点としたエス
　ニックな連帯の形成―浜松市におけるブラジル人のエ
　スニック・ビジネス利用状況をもとに―．地理学評論
　78：387-412.

片岡博美 2020.「多文化のまち」が持つポリフォニック
　な姿―「多文化のまち」を街区レベルから読み解く重
　要性とその際に留意すべき事項についての覚え書き―.
　経済地理学年報 66：324-336.

加藤晴美 2004．松岸地区における遊郭の成立と展開．歴
　史地理学調査報告 11：67-83.

加藤晴美 2009．大崎下島御手洗における花街の景観と生
　活．歴史地理学野外研究 13：101-111.

加藤晴美 2010．軍港都市横須賀における遊興地の形成と
　地元有力者の動向．歴史地理学野外研究 14：31-54.

加藤晴美 2015．明治前期米沢における遊興空間の形成と
　貸座敷の存立―貸座敷営業と娼妓の身売りを中心とし
　て―．歴史地理学 57（2）：1-24.

加藤晴美 2021.『遊郭と地域社会―貸座敷・娼妓・遊客の
　視点から―』清文堂出版.

加藤政洋 2002a.『大阪のスラムと盛り場―近代都市と場
　所の系譜学―』創元社.

加藤政洋 2002b．軍港都市呉における歓楽街の形成．流通
　科学大学論集 人間・社会・自然編 15（2）：65-69.

加藤政洋 2004．神戸市近郊の市街化と商業地の形成―「西
　新開地」の成立と発展を中心に―．流通科学大学論集
　人間・社会・自然編 17（1）：93-105.

加藤政洋 2005.『花街　異空間の都市史』朝日新聞社.

加藤政洋 2009a.『京の花街ものがたり』角川学芸出版.

加藤政洋 2009b.『敗戦と赤線　国策売春の時代』光文社.

加藤政洋 2009c.『神戸の花街・盛り場考　モダン都市の
　にぎわい』神戸新聞総合出版センター.

加藤政洋 2013．戦後沖縄における基地周辺の「歓楽街」
　―《泉町》と《辻新町》の成立をめぐって―．立命館
　大学人文科学研究所紀要 101：1-26.

加藤政洋 2014．コザの都市形成と歓楽街―1950 年代にお
　ける小中心地の簇生と変容―．立命館大学人文科学研
　究所紀要 104：41-70.

加藤政洋 2016．戦後京都における「歓楽街」成立の地理
　的基盤―花街の変容に着目して―．立命館文学 645：
　444-426.

加藤政洋編 2017.『モダン京都　＜遊楽＞の空間文化誌』
　ナカニシヤ出版.

兼子　純 2013．家電小売業の小商圏市場への対応．土屋
　　純・兼子　純編『小商圏時代の流通システム』55-70.
　古今書院.

108

兼子　純・新名阿津子・安河内智之・吉田　亮 2004. 古河市における中心市街地の変容と都市観光への取り組み. 地域調査報告 26：123-150.

川上徹也 2017.『「コト消費」の嘘』KADOKAWA.

川口夏希 2008. 更新された商業空間にみるストリート・ファッションの生成―大阪市堀江地区を事例として―. 人文地理 60：443-461.

川崎市 2021.『令和2年国勢調査結果（人口速報集計）による大都市比較』川崎市.

川端基夫 2013.『改訂版　立地ウォーズ―企業・地域の成長戦略と「場所のチカラ」―』新評論.

川端基夫 2021. 商品の使用価値と市場のローカルな規範感覚. 経済地理学年報 67：223-234.

川本三郎 1987.『雑踏の社会学　東京ひとり歩き』筑摩書房.

神崎宣武 1991. 盛り場の起源と条件―上野広小路界隈の変遷から―. 国立歴史民俗博物館研究報告 33：25-41.

神田孝治 2009. レジャーの空間について考える. 神田孝治編『レジャーの空間　諸相とアプローチ』3-16. ナカニシヤ出版.

木内信蔵 1968.『地域概論』東京大学出版会.

木谷隆太郎 2022. 東京都杉並区高円寺駅周辺商店街の変化と若者の街化. 新地理 70（2）：1-18.

金　延景 2016. 東京都新宿区大久保地区における韓国系ビジネスの機能変容―経営者のエスニック戦略に着目して―. 地理学評論 89：166-182.

金　延景 2018. 若者の新たな観光・レジャー空間としてのエスニックタウン―東京都新宿区大久保地域の事例―. 地理 63（9）：32-39.

金　延景 2020. 東京都新宿区大久保地区における韓国系ビジネスの集積と地域活性化―地域資源としてのエスニシティと大都市の「街」の再編―. 経済地理学年報 66：299-323.

金　秀一 1998. 桜本　川崎市ふれあい館とコリアタウン構想.『神奈川のなかの朝鮮』編集委員会編『歩いて知る朝鮮と日本の歴史　神奈川のなかの朝鮮』179-191. 明石書店.

久住昌之・谷口ジロー 2008.『孤独のグルメ』扶桑社.

クリスタラー, W. 著, 江沢譲爾訳 1979.『都市の立地と発展』大明堂.

栗山泰輔・塚本創悟・中西壱聖・牛垣雄矢 2021. 静岡県三島市における中心商業地の特徴・変化とその課題. 東京学芸大学紀要　人文社会科学系II 72：93-108.

桑子敏雄 2005.『風景の中の環境哲学』東京大学出版会.

高阪宏行 2011. タウンページデータベースを利用した商業集積地の設定と規模・機能構成・分布の分析―東京都を事例として―. 地理学評論 84：572-591.

小長谷一之 2005.『都市経済再生のまちづくり』古今書院.

小原丈明 2005. 大阪市上六地区における都市再開発の社会的意義. 地理科学 60：65-89.

小堀貴亮 1999. 佐原における歴史的町並みの形成と保存の現状. 歴史地理学 41（4）：21-34.

駒木伸比古 2016. 豊橋市中心市街地における市民主導型まちづくり活動の展開―「とよはし都市型アートイベント sebone」を事例として―. 地域政策学ジャーナル 5（2）：19-35.

小宮一高 2009. 都市型商業集積の形成と街並み. 加藤　司・石原武政編『地域商業の競争構造』153-181. 中央経済社.

近藤暁夫 2006. 大都市中心市街地における伝統的建築物の継承―京都市錦市場の町家を事例として―. 立命館地理学 18：69-80.

斉藤一弥 1982. 東京大都市圏の社会・経済的地域構造. 人文地理 34：363-377.

斎藤純一 2005. 都市空間の再編と公共性―分断／隔離に抗して―. 植田和弘・神野直彦・西村幸夫・間宮陽介編『都市とは何か』129-154. 岩波書店.

佐藤俊雄 1998.『マーケティング地理学』同文舘.

佐藤英人 2007. 横浜みなとみらい21地区の開発とオフィス移転との関係―フィルタリングプロセスの検討を中心に―. 地理学評論 80：907-925.

佐藤洋一・ぶよう堂編集部 2008.『あの日の神田・神保町』ぶよう堂.

佐藤善信 2003. 自然発生型盛り場の形成と変容の分析―アメリカ村を事例として―. 加藤　司編『流通理論の透視力』173-193. 地蔵書房.

佐野　充 1988. 都市地理学における解体地域の位置づけ. 地理誌叢 30（1）：18-24.

佐野　充 2009. 横浜地区. 菅野峰明・佐野　充・谷内達編『日本の地誌5　首都圏I』307-329. 朝倉書店.

佐野　充・高島淳史 2005. 地方都市における中心市街地再生の仕組み―静岡県沼津市の事例―. 日本地域政策研究 3：61-71.

澤田　清 1982. 日本における大都市の都心. 地理誌叢 24（1）：19-30.

ジェイコブズ, J. 著, 山形浩生訳 2010.『アメリカ大都市の死と生』鹿島出版会.

司馬遼太郎 1975.『世に棲む日日（一）』文藝春秋.

陣内秀信 1991. 迷宮空間としての盛り場. 国立歴史民俗博物館研究報告 33：1-23.

杉村暢二 1975.『中心商店街』古今書院.

杉村暢二 1977.『中心商業地』古今書院.

杉村暢二 1978.『都市の商業』大明堂.

杉村暢二 1985.『都市の商業空間利用』ぎょうせい.

杉村暢二 1989.『都市商業調査法』大明堂.

杉村暢二 1991. 坂出の市街化と商業中心地の動向―瀬戸大橋開通の影響も併せて―. 不動産研究 33（3）：10-20.

杉村暢二 1993a.『続・都市商業調査法』大明堂.

杉村暢二 1993b. 町田市の市街化と中心商業地の構造―ペデストリアン・デッキで結ばれた大型店の集中する町―. 不動産研究 35（2）：11-22.

杉山和明 1999. 社会空間としての夜の盛り場―富山市「駅前」地区を事例として―. 人文地理 51：396-409.

杉山和明 2008. 都市近郊農村における若者の場所感覚―浜松都市圏東部に暮らす高校生の語りの分析から―. 地理科学 63：239-259.

杉山武志 2020. 大都市圏経済の支柱としてのコミュニティ経済. 経済地理学年報 66：299-323.

杉山武志・元野雄一・長尾謙吉 2015. 大阪の日本橋地区における「趣味」の場所性. 地理学評論 88：159-176.

須崎成二 2019a.「新宿二丁目」地区におけるゲイ男性の場所イメージとその変化. 地理学評論 92：72-87.

須崎成二 2019b. 新宿二丁目におけるゲイ・ディストリクトの空間的特徴と存続条件. 都市地理学 14：16-27.

高野誠二 2005．都市整備事業の実施をめぐる都市内の政治権力構造―八王子市における旧中心商店街の活性化―．地理学評論 78：661-687．

高橋伸夫・手塚　章・村山祐司・平　篤志・小田宏信・松村公明 2013．EU 統合下におけるリヨン大都市圏の構造変容の事例．高橋伸夫・菊地俊夫・根田克彦・山下宗利編『都市空間の見方・考え方』142-152．古今書院．

立見淳哉 2016．文化産業．藤塚吉浩・高柳長直編『図説　日本の都市問題』62-63．古今書院．

田中康夫 1983．『なんとなく，クリスタル』河出書房新社．

田辺健一 1979．『改訂増補　都市の地域構造』大明堂．

谷岡武雄 1963．『平野の地理』古今書院．

田上拓信・牛垣雄矢 2018．下田市中心商店街の特徴と厳しい商業環境に対する商店の対応．新地理 66（2）：22-33．

田村　明 1997．『美しい都市景観をつくる アーバンデザイン』朝日新聞社．

田村正夫 1981．『改訂増補　商業地域の形成―首都通勤圏北西境―』博文社．

田村正紀 2011．『消費者の歴史―江戸から現代まで―』千倉書房．

千葉昭彦 2012．『都市空間と商業集積の形成と変容』原書房．

土屋　純 2022．『地理学で読み解く流通と消費』ベレ出版．

堤　純 2007．都市の地理．上野和彦・椿　真知子・中村康子編『地理学概論』61-68．朝倉書店．

手塚　章 1991．地域的観点と地域構造．中村和郎・手塚章・石井英也編『地域と景観』107-184．古今書院．

戸所泰子 2004．京都における町家と町家風建築物からみた「地域の色」の継承と創造．立命館地理学 16：115-131．

戸所泰子 2006．京都市都心部の空間利用と色彩からみた都市景観．地理学評論 79：481-494．

戸所　隆 1984．都市形態と内部構造．浮田典良編『人文地理学総論』208-229．朝倉書店．

戸所　隆 1986．『都市空間の立体化』古今書院．

戸所　隆 1991．『商業近代化と都市』古今書院．

富田和暁 2010．三大都市圏における郊外化と人口の都心回帰．富田和暁・藤井　正編『新版　図説　大都市圏』8-11．古今書院．

内藤　亮 2017．岡崎市まちゼミにみる地方都市中心商店街の再生の取り組み．新地理 65（3）：51-68．

内藤　亮 2021．商店街活性化事業としてのまちゼミの全国的特徴とその課題・可能性．新地理 69（3）：17-35．

中尾千明 2006．歴史的町並み保存地区における住民意識―福島県下郷町大内宿を事例に―．歴史地理学 48（1）：18-34．

中島義一 1986．駅前集落―1902，埼玉県の場合―．駒澤大学文学部研究紀要 44：179-194．

中島義一 1992．駅前集落（2）―1907，栃木県の場合―駒澤地理 28：1-17．

永野征男 1998．中心商業地の衰退と再生―栃木県鹿沼市の現状をふまえて―．日本大学文理学部自然科学研究所研究紀要 33：43-55．

永野征男・高木園実・長谷川佳世 2002．歴史都市川越における中心商業地の移転について．地理誌叢 43（1・2）：42-54．

永野征男・中山路子 2011．愛媛県内子町における伝統産業と町並み保全との関連について．日本大学文理学部自然科学研究所研究紀要 46：49-73．

中道陽香 2015．隠れ家的な街としての大坂・中崎町の生成―古着店集積を事例にして―．空間・社会・地理思想 18：27-40．

中村　努 2016．高知県高知市における街路市の展開と流通システムの空間特性．E-journal GEO11（1）：21-39．

難波田隆雄 2006．企業合理化に伴う企業城下町の中心商業地の変容―兵庫県相生市を事例として―．地理学評論 79：355-372．

双木俊介 2016．横須賀における米軍向け歓楽街の形成と変化．歴史地理学野外研究 17：39-49．

成瀬　厚 1993．商品としての街，代官山．人文地理 45：60-75．

成瀬　厚 2012．街で音を奏でること―2005 年あたりの下北沢―．地理科学 67：1-23．

南後由和 2013．建築空間／情報空間としてのショッピングモール．若林幹夫編『モール化する都市と社会　巨大商業施設論』119-190．NTT 出版．

南後由和 2016．商業施設に埋蔵された「日本的広場」の行方―新宿西口地下広場から渋谷スクランブル交差点まで―．三浦　展・藤村龍至・南後由和編『商業空間は何の夢を見たか―1960 ～ 2010 年代の都市と建築』67-166．平凡社．

新名阿津子・鈴木誉之・濱田紗江・林 幹大・山本倫芳 2008．筑西市下館地域の商業特性―商業地変容と菓子製造販売業の活動分析を通じて―．地域研究年報 30：161-179．

西川　治 1996．地理学の特徴．西川　治編『地理学概論』3-16．朝倉書店．

西村孝彦 1979．都市内部中心地区の階層と形態指標の対応関係―京都市の事例―．人文地理 31：525-538．

西村幸夫・野澤　康 2010．『まちの見方・調べ方―地域づくりのための調査法入門―』朝倉書店．

西村幸夫・野澤　康 2017．『まちを読み解く―景観・歴史・地域づくり―』朝倉書店．

日本地誌研究所 1967．『日本地誌　第 7 巻　東京都』二宮書店．

日本地誌研究所 1974．『日本地誌　第 15 巻　大阪府・和歌山県』二宮書店．

根田克彦 1999a．『都市小売業の空間分析』大明堂．

根田克彦 1999b．商業地域．奥野隆史・高橋重雄・根田克彦『商業地理学入門』63-96．東洋書林．

根田克彦 2010．伝統的建造物群保存地区におけるイベント型観光の可能性―橿原市今井町の事例―．奈良教育大学紀要 59（1）：101-115．

根田克彦編 2016．『まちづくりのための中心市街地活性化―イギリスと日本の実証研究―』古今書院．

博報堂生活総合研究所 1985．『タウン・ウォッチング―時代の「空気」を街から読む―』PHP 研究所．

橋本暁子・鈴木将也・周　雯婷・石坂　愛・金 延景・渡邊瑛季 2013．飯田市中心市街地における商業機能の変容．地域研究年報 35：1-26．

箸本健二 2004．流通システムと都市空間．荒井良雄・箸本健二編『日本の流通と都市空間』1-13．古今書院．

箸本健二 2015．商業と流通．上野和彦・椿真智子・中村

康子編『地理学概論 第2版』39-42. 朝倉書店.

箸本健二・米浜健人 2009. 郊外型大型店の進出をめぐる地方自治体の対応―太田市と佐野市の事例をもとに―. 早稲田大学教育学部 学術研究（地理学・歴史学・社会科学編）57：49-67.

箸本健二・武者忠彦編 2021.『空き不動産問題から考える地方都市再生』ナカニシヤ出版.

橋本健二 2011.『階級都市―格差が街を侵食する―』筑摩書房.

初田 亨 2004.『繁華街の近代―都市・東京の消費空間―』東京大学出版会.

服部銈二郎 1965. 東京の中心地群と関係圏について. 地理学評論 38：162-178.

服部銈二郎 1971. 都心地域と再開発. 山鹿誠次編『大都市地域』53-110. 鹿島研究所出版会.

服部銈二郎 1977.『都市と盛り場―商業立地論序説―』同友館.

服部銈二郎 1981.『盛り場 人間欲望の原点』鹿島出版会.

服部銈二郎・浦 達雄・岩動志乃夫 1991. ファッション・タウン論―街は素敵なファッションの舞台―第7部 広域都市のファッション・タウン―仙台と盛岡―. 不動産研究 33（3）：1-9.

服部銈二郎・浦 達雄・小野純一郎・清水大介 1990. ファッション・タウン論―街は素敵なファッションの舞台―第4部 世界都市「東京」のファッション・タウン―原宿・青山エリア―. 不動産研究 32（4）：1-11.

服部銈二郎・浦 達雄・芳賀 修・山中 進 1991. ファッション・タウン論―街は素敵なファッションの舞台―第6部 広域都市のファッション―岡山・倉敷と熊本―. 不動産研究 33（2）：44-54.

速水健朗 2012.『都市と消費とディズニーの夢―ショッピングモーライゼーションの時代―』角川書店.

原田怜於・牛垣雄矢 2022. さいたま市大宮駅周辺商業地における個人飲食店の特徴と経営上の課題. 東京学芸大学紀要 人文社会科学系II 73：47-60.

福井一喜・金 延景・上野李佳子・兼子 純 2015. 長野県佐久市岩村田地区における商業空間の変容. 地域研究年報 37：231-254.

福井一喜・神 文也・渡邊瑛季・周 軼飛・薛 琦・中川紗智・市川康夫・山下清海 2014. 需給チャネルからみた首都圏外縁部中心市街地の商業特性―茨城県水海道地域を事例に―. 地域研究年報 36：1-34.

福田 綾・大谷万里絵・今井剛志・金 錦・橋爪孝介・村上翔太 2013. 飯田市中心市街地における再開発事業の展開と地域活性化. 地域研究年報 35：27-43.

福本 拓 2015. 土地売買の観点からみたエスニック空間の形成過程―大阪市生野区新今里地区における花街から韓国クラブ街への変貌―. 地理空間 8（2）：197-217.

藤岡謙二郎 1955.『先史地域及び都市域の研究―地理学における地域変遷史的研究の立場―』柳原書店.

古田 歩・牛垣雄矢 2022. 三島駅周辺地域における遠距離通勤者の特性と地域が抱える課題. 東京学芸大学紀要 人文社会科学系II 73：35-46.

ブライマン，A. 著・能登路雅子監訳 2008.『ディズニー化する社会 文化・消費・労働とグローバリゼーション』明石書店.

フロリダ，R. 著, 小長谷一之訳 2010.『クリエイティブ

都市経済論―地域活性化の条件―』日本評論社.

堀江瑶子 2015. 横浜市中区伊勢佐木モールにおけるエスニックビジネスの進出. 地理空間 8（1）：35-52.

正井泰夫 2000.『江戸・東京の地図と景観―徒歩交通百万都市からグローバル・スーパーシティへ―』古今書院.

松沢光雄 1965a. 新宿繁華街の構造. 地理学評論 38：260-269.

松沢光雄 1965b. 池袋繁華街の構造. 地理学評論 38：698-707.

松沢光雄 1966. 渋谷繁華街の構造. 地理学評論 39：618-624.

松沢光雄 1980. 原宿繁華街の構造. 地理 25（11）：97-102.

松澤光雄 1986.『繁華街を歩く 東京編―繁華街の構造分析と特性研究―』綜合ユニコム.

間々田孝夫 2007.『第三の消費文化論―モダンでもポストモダンでもなく―』ミネルヴァ書房.

丸山美沙子・水谷千亜紀・小島大輔・山﨑恭子・長坂幸俊・ブランドン＝マナロ＝ヴィスタ・星 政臣・吉田 亮・松井圭介 2008. 地域資源としての歴史的建造物の利用とその課題―茨城県筑西市下館地域を事例として―. 地域研究年報 30：109-141.

三浦 展 2004.『ファスト風土化する日本 郊外化とその病理』洋泉社.

三浦 展 2007.『吉祥寺スタイル 楽しい街の50の秘密』文芸春秋.

三浦 展 2010.『高円寺 東京新女子街』洋泉社.

三浦 展 2012.『第四の消費 つながりを生み出す社会へ』朝日新聞出版.

三浦 展 2016. システムに対する反抗 商業施設にとっての七十年代あるいはパルコ前夜. 三浦 展・藤村龍至・南後由和編『商業空間は何の夢を見たか 1960〜2010 年代の都市と建築』15-48. 平凡社.

三上恭子 1997.「下北沢」という現代の盛り場の創出―若者の街考―. 理論地理学ノート 10：33-56.

三木和美 2006. 大阪キタにおける路上活動者とその社会的ネットワーク―梅田新歩道橋界隈を中心として―. 人文地理 58：489-503.

水内俊雄 2006. 都心周辺部. 金田章裕・石川義孝編『日本の地誌8 近畿圏』151-169. 朝倉書店.

溝尾良隆・菅原由美子 2000. 川越一番街商店街地域における商業振興と町並み保全. 人文地理 52：300-315.

三田知実 2006. 消費下位文化主導型の地域発展―東京渋谷・青山・原宿の「独立系ストリート・カルチャー」を事例として―. 日本都市社会学会年報 24：136-151.

三田知実 2007. 文化生産者による文化消費者の選別過程―東京渋谷・青山・原宿の「独立系ストリート・カルチャー」を事例として―. 応用社会学研究 49：227-240.

宮澤 仁・阿部 隆 2005. 1990 年代後半の東京都心部における人口回復と住民構成の変化. 地理学評論 78：893-912.

武者忠彦 2006. 松本市における中心市街地のメカニズム―土地区画整理事業をめぐる制度・都市政治・商店経営者の戦略―. 地理学評論 79：1-25.

武者忠彦 2020. 人文学的アーバニズムとしての中心市街地再生. 経済地理学年報 66：337-351.

武者忠彦 2021．都市はいかにしてコンパクト化するのか？―立地適正化計画をめぐる論理と実態―．E-journal GEO16（1）：57-69.

宗政五十緒・西野由紀 2000．『なにわ大阪　今と昔―絵解き案内―』小学館.

森川嘉一郎 2003．『趣都の誕生　萌える都市アキハバラ』幻冬舎.

森山知毅 2020．近代期における東京都上野地区の商業特性と空間構造の変化．学芸地理 76：3-18.

矢ケ﨑典隆 2020．ロサンゼルス大都市圏におけるエスニックタウンとエスニック資源の活用．地理空間 13（3）：143-160.

安倉良二 1998．再開発に伴う堺市中心商業地の変化―立体化の視点から―．地理科学 53：27-43.

安倉良二 2007．商店街の衰退と仲間型組織による再生への取り組み―「今治商店街おかみさん会」の活動を中心に―．経済地理学年報 53：174-197.

安倉良二 2013．総合スーパー店舗網の再編成と大都市圏での市場深耕．土屋　純・兼子　純編『小商圏時代の流通システム』15-34．古今書院.

安倉良二 2021．『大型店の立地再編と地域商業―出店規制の推移を軸に―』海青社.

矢部直人 2012．「裏原宿」におけるアパレル小売店集積の形成とその生産体制の特徴．地理学評論 85：301-323.

山川充夫 2001．修景まちづくりの効果について―会津若松市七日町通り商店街の場合―．福島大学地域創造 13（1）：29-45.

山川充夫 2004．『大型店立地と商店街再構築―地方都市中心市街地の再生に向けて―』八朔社.

山口　晋 2002．大阪・ミナミにおけるストリート・パフォーマーとストリート・アーティスト．人文地理 54：173-189.

山口　晋 2008．「ヘブンアーティスト事業」にみるアーティストの実践と東京都の管理：人文地理 60：279-300.

山口太郎 2010．富山県高岡市における歴史的町並み保全への取り組み―伝統的建造物群保存地区制度に着目して―．地域学研究 23：29-47.

山下清海 2010．『池袋チャイナタウン　都内最大の新華僑街の実像に迫る』洋泉社.

山下清海 2016．『新・中華街　世界各地で＜華人社会＞は変貌する』講談社.

山下清海 2019．『世界のチャイナタウンの形成と変容―フィールドワークから華人社会を探究する―』明石書店.

山下清海 2021．『横浜中華街―世界に誇るチャイナタウンの地理・歴史―』筑摩書房.

山下博史 2001．津山市における商業集積の動向と中心市街地活性化．鳥取大学教育地域科学部紀要　地域研究 3（1）：1-13.

山下博樹 2014．大型店の立地展開と規制．藤井　正・神谷浩夫編『よくわかる都市地理学』124-125．ミネルヴァ書房.

山下博樹 2016．まちなか居住の課題と取り組み．根田克彦編『まちづくりのための中心市街地活性化―イギリスと日本の実証研究―』138-165．古今書院.

山下裕子 1998．市場からのイノベーション　秋葉原と家電産業の「第二の産業分水嶺」．伊丹敬之・加護野忠男・

宮本又郎・米倉誠一郎編『イノベーションと技術蓄積』211-252．有斐閣.

山下裕子 2001．商業集積のダイナミズム　秋葉原から考える．一橋ビジネスレビュー 49（2）：74-94.

山元貴継 2015．アニメ聖地巡礼（アニメ・ツーリズム）．新地理 63（2）：57-65.

山本匡毅 2016．区域区分の廃止．藤塚吉浩・高柳長直編『図説　日本の都市問題』104-105．古今書院.

矢守一彦 1988．『城下町のかたち』筑摩書房.

油井清光 2003．グローバル化とマクドナルド化―合理性と非合理性の拮抗のなかで―．リッツア，G・丸山哲央編『マクドナルド化と日本』229-251．ミネルヴァ書房.

由井義通・久保倫子・西山弘泰編 2016．『都市の空き家問題　なぜ？どうする？―地域に即した問題解決にむけて―』古今書院.

横浜都市発展記念館 2003．『目でみる「都市横浜」のあゆみ』横浜都市発展記念館.

吉田容子 2015．敗戦後長崎県佐世保市の歓楽街形成史．都市地理学 10：61-77.

吉見俊哉 1987．『都市のドラマトゥルギー―東京・盛り場の社会史―』弘文堂.

吉見俊哉 1999．盛り場．小川信子・真島俊一編『生活空間論』205-216．光生館.

吉見俊哉 2005．都市の死　文化の場所．植田和弘・神野直彦・西村幸夫・間宮陽介編『都市とは何か』101-128．岩波書店.

寄藤晶子 2005．愛知県常滑市における「ギャンブル空間」の形成．人文地理 57：131-152.

リッツア，G．著，正岡寛司監訳 1999．『マクドナルド化する社会』早稲田大学出版部.

若林幹夫 2003．『都市への／からの視線』青弓社.

和田　崇 2014．オタク文化の集積とオタクの参画を得たまちづくり―大阪・日本橋の事例―．経済地理学年報 60：23-36.

渡邊瑛季・浅野元紀・伊藤瑞希・奥　啓彰・遠藤貴美子 2015．佐久市中込における商業空間の変容とその維持基盤．地域研究年報 37：197-230.

三島市観光 Web．https://www.mishima-kankou.com/spot/287/（最終閲覧日：2021 年 11 月 5 日）

Davies, R. L. 1976 Marketing geography: with special reference to retailing. Retailing & planning Associates.

Harnby, W. F. and Jones, M. 1991 An Introduction to Settlement Geography. Cambridge University Press.

【著者】

牛垣 雄矢　うしがき ゆうや

東京学芸大学准教授
1978 年神奈川県生まれ. 日本大学大学院理工学研究科地理学専攻博士後期課程修了.
博士（理学）.
専門分野：都市地理学, 商業地域論.
主著『地誌学概論（第 2 版）』共編著, 朝倉書店, 2020 年.
　　　『景観写真で読み解く地理』分担執筆, 古今書院, 2018 年.
月刊地理にて「地理学者が選ぶ 日本の都市百選」を連載中.

書　名	**まちの地理学** — まちの見方・考え方 —
英文書名	Geography on Towns: The View and Way of Thinking
コード	ISBN978-4-7722-8124-9
発行日	2022（令和 4）10 月 20 日　初版 第 1 刷発行
著　者	**牛垣雄矢** Copyright © 2022　Yuya USHIGAKI
発行者	株式会社 古今書院　　橋本寿資
印刷所	株式会社 カシヨ
製本所	株式会社 カシヨ
発行所	古今書院　　〒 113-0021 東京都文京区本駒込 5-16-3
TEL/FAX	03-5834-2874 / 03-5834-2875
振　替	00100-8-35340
ホームページ	http://www.kokon.co.jp/　　　検印省略・Printed in Japan